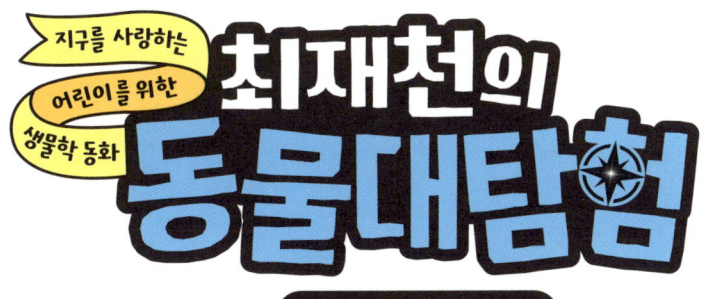

6. 침팬지 쥬바의 탈출

최재천 기획 · 황혜영 글 · 박현미 그림 · 안선영 해설

서문

저는 어려서 타잔을 흠모했습니다. 그림처럼 황홀한 숲속 트리하우스에 살며 배고프면 그저 손 뻗어 바나나를 따 먹고, 땀 나면 호수에 풍덩, 위험하면 두 손 모아 "아아~아아~" 부르면 코끼리 떼가 달려오고 천국이 따로 없어 보였습니다. 하지만 타잔 동네는 비행기를 타고 가야 하는 아주 먼 열대 정글이라는 사실을 알아내곤 저는 깊은 실망에 빠졌습니다. 그러던 어느 날 《허클베리 핀의 모험》을 읽고는 뗏목을 만들어 강을 따라 여행하며 모험을 즐기고 싶었습니다. 하지만 저는 주정뱅이 아버지 슬하에서 크는 것도 아니어서 딱히 가출할 명분이 없었습니다. 그래서 선택한 제 삶은 말하자면 《톰 소여의 모험》이었습니다.

학교가 파하면 동네 아이들은 언제나 우리 집 대문 앞으로 모여들었습니다. 제가 나와 '오늘의 놀이'를 정해 줘야 드디어 동네가 활기를 띠기 시작했습니다. 다방구, 말뚝박기, 망까기, 기마전, 술래잡기, 무궁화꽃이피었습니다 등등. 이렇게 적어 놓고 보니 퍽 다양한 것처럼 보이지만 허구한 날 비슷비슷한 놀이를 반복하는 게 지겨워 저는 자주 놀이의 규칙을 조금씩 바꾸곤 했습니다. 그러다 보면 이웃 동네 아이들이 하는 놀이와는 상당히 다른 우리들만의 놀이가 탄생하기도 했습니다. 제가 생물학자가 되지 않았더라면 지금쯤 어쩌면 게임 회사를 차려 거부가 되었을지도 모릅니다.

돌이켜 보면 그때 우리는 비록 풍족하지는 않았지만 즐거웠던 것 같습니다. 동네 구석구석이 지저분하고 오물 냄새도 진동했지만 조금만 벗어나면 공터도 있고 개천도 흘렀습니다. 조금 헐벗었지만 제법 풋풋한 자연이 우리 곁에 있었습니다. 친구들과 몰려다니며 올챙이, 방아깨비, 풀무치도 잡고, 동네를 돌며 거미줄을 잔뜩 모아 그걸로 잠자리도 잡곤 했습니다. 이 지구 생태계를 공유하고 사는 다른 생명들과 함께 부대끼며 살았습니다.

그런데 지금 우리 아이들은 자연과 철저하게 격리된 삶을 살고 있습니다. 게다가 코로나19 팬데믹으로 인해 그나마 간간이 엄마 아빠와 함께 가던 동물원, 식물원 그리고 바닷가도 마음 놓고 가 보지 못했습니다. 전염병 전문가들의 예측에 따르면 우리 인간이 자연과의 관계를 제대로 정립하지 않으면 앞으로 팬데믹과 같은 재앙을 점점 더 자주 겪게 될 것이랍니다. 우리 아이들이 이담에 커서 안정적인 직장을 갖고 편안하게 살아가려면 이른바 '국영수' 공부도 중요하겠지요. 그러나 만물의 영장이라고 거들먹거리던 우리는 이번에 삶과 죽음의 갈림길에 던져졌습니다. 과학 문명의 시대에 어떻게 이런 일이 일어났을까요? 우리는 이번에 분명히 배웠습니다. 아무리 과학기술이 발달해도 기후 변화가 멈추지 않는 한 우리는 앞으로 종종 죽고사는 문제에 부딪히고 말 것이라는 사실을.

공교육이라면 당연히 국영수만 가르칠 게 아니라 자연에 대한 감수성도 키워 줘야 하지만, 그걸 넋 놓고 기다릴 수 없어 제가 이번에 《최재천의 동물 대탐험》이라는 동화 시리즈를 기획했습니다. 저는 평소에 늘 "배우는 줄도 모르며 즐기다 보니 어느덧 배웠더라" 하는 교육이 가장 훌륭한 교육이라고 떠들어 왔습니다. 그냥 흥미로워서 읽다 보면 저절로 우리와 함께 이 지구에 살고 있는 동물들에 대해서 알게 되고 자연스레 자연의 섭리도 깨우쳐 보다 현명한 사람으로 성장하리라 기대합니다.

기후변화가 가속화하고 생물다양성이 감소하며 전염병 창궐이 빈번해지면서 사람들은 종종 지구의 미래가 걱정된다고 말합니다. 그러면 저는 이렇게 답합니다. 별 걱정을 다하신다고. 우리 인류의 미래가 염려스러운 것이지 지구는 버텨낼 것이라고요. 호모 사피엔스만 사라져 주면 지구는 빠른 속도로 회복할 것입니다. 물론 지금의 상태로 되돌아올 수 있을지는 미지수이지만 어떤 형태로든 건강을 되찾을 겁니다. 어쩌다 우리가 이런 존재가 되어버렸을까요? 참 참담합니다.

이번에는 우리 비글호가 아프리카로 갑니다. 그곳에서 우리와 진화적으로 가장 가까운 동물인 침팬지를 만납니다. 지금으로부터 약 600만 년 전 열대우림에 살던 침팬지 중 일부가 초원으로 걸어 나옵니다. 자진해서 걸어 나온 것은 아닐 듯싶고, 아마 경쟁에서 밀려 쫓겨난 것이겠지요? 시원하고 먹을 과일도 풍부한 숲을 버리고 굳이 땡볕이 내리쬐는 풀밭으로 진출할 까닭은 아무리 생각해도 없어 보입니다. 그런데 그 쫓겨난 침팬지들에서 인간이 진화해 이제 숲으로 되돌아오고 있습니다. 마치 개선장군처럼 거침없이. 필요한 자원을 얻기 위해 나무를 베어 내고 광물을 캐내는 과정에서 침팬지의 서식처가 나날이 줄고 있습니다. 게다가 식용, 관상용, 실험용으로 활용하기 위해 직접 포획도 불사합니다. 가장 가까운 사촌을. 멈춰야 합니다. 그 소중한 연구도 멈추고 그들을 구해 내기 위해 환경운동가로 거듭난 제인 구달 박사님의 발자취를 따라 우리 모두 동참합시다.

등장인물

개미박사

동물의 생태와 행동을 연구하는 생태학자이자 동물행동학자. '재단'으로부터 특별한 임무를 부여 받고 비밀리에 활약 중이다. 하늘을 나는 비글호를 타고 아이들과 함께 정글과 바다를 종횡무진 누빈다. 동물에 대한 깊은 이해와 사랑으로 아이들을 이끌지만, 매뉴얼을 잘 읽지 않는 버릇 때문에 새로운 발명품이 등장할 때마다 비글호 대원들은 긴장할 수밖에 없다.

다윈박사

인공 지능 인격체이자 '비글호'의 메인 프로그램. 약 200년 전 살았던 과학자 '찰스 다윈'의 인격과 지식을 바탕으로 만들어졌다. 목소리와 색깔을 자유자재로 바꿀 수 있지만, 홀로그램 장치에 갇혀 산다. 방대한 지식의 데이터베이스로 비글호 탐험에 도움을 준다.

호야

호기심 많고 똘똘한 10살 소년. 독서를 좋아하고, 기억력이 뛰어나서 호야를 닮은 AI가 있다면 참 좋을 것 같다는 생각이 들 때가 많다. 친구들에게 잔소리가 좀 있는 편이지만, 침팬지에게는 절대 잔소리 안 하고 성실히 돌본다.

와니

엉뚱함과 호기심, 유머 감각이 가득한 10살 소년. 이것저것 할 줄 아는 것도 많고, 해 보고 싶은 것도 많다. 사춘기를 맞이한 말썽꾸러기 침팬지 쥬바의 마음을 받아 주며 죽이 잘 맞는 친구 사이가 된다.

아라

미리보다 한 살 어린 동생. 씩씩한 태권 소녀지만, 마음이 여리고 동정심이 많다. 길 잃은 동물을 그냥 지나치지 못하고 주워 오는 버릇이 있다. 수상한 식당의 정체를 제일 먼저 알아차렸고, 여기서도 데려올 동물을 만난다.

미리

동물을 사랑하고 환경 보호에 관심이 많은 11살 소녀. 살아 있는 모든 생명을 사랑하고, 동물과 대화하기를 즐긴다. 짹짹이를 쓰지 않고도 여러 동물과 대화할 수 있는 날이 오지 않을까 기대하고 노력 중이다.

5. 사라진 마을 ❀ 104

6. 쥬바의 선택 ❀ 120

7. 희망섬 ❀ 136

에필로그 ❀ 156

❀ 개미박사의 생물학 교실 ❀ 162

❀ 팩트체크 ❀ 170

 # 프롤로그

40년 전 어느 날.

높은 천장 아래 원형 테이블에 모인 사람들은 심각한 표정이다. 대부분은 수학자와 과학자들이었다. 경제학자, 통계학자, 암호학자, 기하학자, 공학자, 동물학자, 해양학자, 지질학자, 기상학자, 식물학자, 생태학자….

"오늘 와 주신 분들께 감사드립니다. 기쁜 소식 하나와 우울한 소식 하나가 있습니다. 먼저 기쁜 소식에 대해 말씀드리자면, 여길 봐 주십시오."

휘장을 걷자, 천장에 닿을 듯한 거대한 기계가 나타났다.

"우리가 오랜 시간 몰두했던 노력의 결정체라고 할 수 있습니다. 이 녀석의 언어는 세상의 모든 숫자입니다. 수학으로 사고하고, 세상 모든 것을 예측하는 슈퍼컴퓨터, 우리는 이 녀석을 **미래의 목소리**라고 부르기로 했습니다."

짝짝짝짝, 우레와 같은 박수 소리가 터져 나왔다.

"이제 우리는 과학기술의 힘을 빌려 미래를 예측하는 놀라운 예언자를 갖게 되었습니다."

그러나 그들은 모두 바쁜 사람들이었다.

"이게 기쁜 소식이라는 거요? 그럼, 우울한 소식은 뭔가요?"

사회자는 잠시 어색한 미소를 짓고는 말을 이어 갔다.

"우리는 바로 시험해 보기로 했습니다. 미래의 목소리에 인구 증가 속도, 온실가스 배출량, 삼림 감소율, 각종 오염 수치, 대기와 해양의 온도 변화, 그리고 생물종과 서식지 감소율 등 필요한 모든 숫자를 넣은 뒤 질문을 했고, 그 질문에 대한 답 때문에 여기 모인 겁니다. 제가 다시 질문해 보겠습니다."

지구는 지금 이대로 지속 가능한가?

슈퍼컴퓨터가 수억 개의 숫자들을 훑어 내리며 해답을 찾아내는 몇 초가 아주 긴 시간처럼 느껴졌다.

지구는 끄떡없습니다.

마침내 짧고 강력한 대답이 나오자 모두 안도감에 젖어 환호했다. 다음 문장이 나오기 전까지는.

숨소리 하나 들리지 않았다. 마침내 침묵을 깨고 사회자가 어색하게 덧붙였다.

"이게 바로 제가 말한 우울한 소식이에요."

"남은 시간은?"

누군가 침통한 목소리로 물었다.

"100년 남짓이요.

아마도 다음 세기가 끝나기 전에.

지금과 같은 변화가 그대로 계속된다면."

미래의 목소리 예언 후, 거기 모였던 사람들은 머리를 맞대고 비밀리에 미래를 준비하기 시작했다. 이대로는 안 된다, 바로 지금 당장 행동해야 한다, 더는 시간이 없다는 반성 아래, 미래의 아이들이 살아갈 초록 별에 대한 각성과 인류에 대한 희망, 생명을 사랑하는 마음이 모두 모였다. 그렇게 해서 **재단**이 탄생했다. 인류 멸망과 환경 오염, 생태계 파괴와 기후 재앙을 막기 위해 많은 과학자와 기업인이 힘을 합쳤다. 재단에서 진행하는 수많은 일 중에는 비밀스러운 프로젝트도 있었다. 이를테면, 하늘을 나는 비글호 같은 것.

개미박사님이 비글호를 타고 세계 곳곳을 탐사하는 이유도 재단에서 부여한 비밀 임무 때문이다.

1. 수상한 식당

 아프리카 대륙은 엄청나게 거대한 땅이다. 미국과 중국, 인도와 유럽을 몽땅 합친 것만큼 크다. 이 거대한 땅에는 오직 아프리카에만 있는 별의별 신기한 동물들이 산다. 침팬지도 아프리카 몇몇 정글에만 산다.
 "침팬지를 만나러 아프리카 정글 한복판으로 가는 거예요?"
 아이들은 긴긴 비행에도 지치지 않고 창문에 매달려 있었다. 까마득히 내려다보이는 풍경이 너무나 근사했다.
 "아직 바다 위를 날고 있잖아. 대서양을 건너는 중인가?"
 "저건 바다가 아니라 호수야. 탕가니카 호수."

개미박사님은 말을 마치고 착륙 준비를 했다.

"이미 아프리카 땅에 들어온 지 한참 되었단다. 탕가니카 호수는 세계에서 두 번째로 깊은 호수인데…."

다윈박사님은 몇 시간째 쉬지 않고 떠들며 정보를 업데이트 하는 중이었다.

"우와, 정말이네. 저기 양철 지붕들 꼭 퍼즐판 같다."

호야는 집들이 옹기종기 모인 작은 마을을 가리켰다. 숲이 끊어진 곳에는 어김없이 붉은 흙 위에 바둑판 모양으로 집과 밭, 농장이 있었다.

"최초의 인류가 시작된 아프리카 땅에 다시 오다니, 거의 200년 만이로구나. 강산이 얼마나 변했을지."

이번 여행에서 가장 신난 사람은 다윈박사님과 구복이였다. 구복이의 고향이 아프리카 어디쯤이란 것을 잊으면 안 된다.

비글호는 끝없이 펼쳐진 빽빽한 정글과 초원을 지나 너른 들판 위에 사뿐히 내려앉았다. 그리고는 스스로 위장 모드를 작동시켰다. 천천히 잎사귀와 돌멩이, 검불이 섞인 그물로 모습을 감추었다.

"아프리카는 워낙 넓어서 물자 보급이 쉽지 않으니, 이쯤에서 필요한 물품들을 보급받도록 하자. 모두 격납고로 이동하도록!"

아이들은 영문도 모른 채 격납고로 갔다. 격납고 한쪽에는 핸들과 작은 의자들이 놓여 있었고, 바닥은 뭔가 특수한 장치와 연결된 것 같았다. 운전석에는 개미박사님과 강아지들이, 작은 의자에는 아이들이 차례로 앉았다. 핀도 구복이 등에 올라탄 뒤 점잖게 날개를 접었다.

"모두 꼭 붙들어라."

　개미박사님이 조작 버튼을 눌렀다. 그러자 지르르릉, 지잉! 소리와 함께 좌석 모양 그대로 바닥에는 레이저 선이 그려졌다. 동시에 아이들 머리 위로 둥근 유리 지붕이 내려왔다.

　"으아악, 이거 뭐예요?"

　아이들은 안전벨트를 꽉 움켜쥐었다. 대체 무슨 일을 벌이시려는 걸까? 더 걱정스러운 건 개미박사님도 기계가 처음인 듯

다윈박사님이 공중에 띄워 준 설명서를 보면서 기계를 조작하고 있다는 점이었다!

"오호, 드디어 이놈 성능을 시험해 보겠군."

비글호가 끙차! 힘을 주자, 탐사선 뒤쪽으로 작은 구멍이 뽕 하고 생겼다. 그리고 마치 똥을 누듯이 슝! 구멍으로 개미박사님과 아이들이 탄 유리공을 밀어냈다. 격납고의 밑바닥이 꺼지면서 유리공은 그대로 정글로 굴러떨어졌다.

"이건 비글호를 제작한 엔지니어들이 만든 정글 이동 수단이야. 밀림을 자유롭게 다니되, 식물이나 작은 동물들은 해치지 않게 만들어 달라고 부탁했지."

개미박사님이 이 괴상한 이동 수단을 조작하는 모습을 지켜보자니 정말 불안해졌다. 그 순간, 갑자기 유리공이 흔들리며 밑바닥에서부터 가늘고 긴 다리가 우산살이 펴지듯이 사정없이 튀어나왔다. 꼭 곤충의 다리처럼 마디로 이어진 다리는 모두 8개나 되었다!

"이게 뭐야? 자동차에 다리가 생겼어!"

"거미야? 벌레야?"

"으아악, 징그러워요!"

"꺄아아악, 밀지 마!"

유리공은 아이들 비명과 왈왈, 깟깟, 쉭쉭 동물들 울음소리로 가득 찼다.

"오, 이거 이름이 **풍선거미**래. 정말 근사하지 않냐?"

아이들은 아우성을 치는데, 개미박사님은 어린아이처럼 즐거워했다.

풍선거미는 8개의 유연하고 튼튼한 다리로 정글을 자유자재로 이동했다. 거친 나무와 돌, 개울은 물론, 길이 없는 빽빽한 밀림과 절벽도 능숙하게 기어다녔다.

"오, 심지어 빠르기까지 하네요."

"우리가 지나가도 식물들이 멀쩡해요."

풍선거미에 좀 익숙해진 아이들이 신기한 듯 말했다. 유리공 모양 풍선은 단단하면서도 탄력이 있어서 우그러지거나 눌렸다가도 처음 모양대로 되돌아오곤 했다. 다만 좁은 길을 지나느라 풍선이 짜부라지면 그 안에 탄 사람도 같이 눌린다는 게 문제라면 문제였다.

"일단 침팬지 보호 구역에 머물게 될 거야. 그곳에서 할 일이 있단다."

아이들은 실망한 기색이었다. 아프리카에 오면 온갖 동물들이 모여 사는 깊은 정글부터 탐험하게 될 줄 알았기 때문이다.

"숲 한가운데 길이 나 있어요. 동물들이 다니는 길 같지는 않아요."

호야가 중얼거리자, 아이들도 머리를 맞대고 구경했다.

"당연히 사람들이 뚫어 놓은 거지. 저길 보렴."

슈솨솨솨솨솩!

개미박사님이 가리킨 곳에는 커다란 트럭들이 줄지어 달리고 있었다. 풍선거미도 행렬의 꼬리를 물고 큰 도로를 따라 달렸다.

"숲에서 나는 것을 죄다 도시로 실어 나르는 거지. 목재, 석탄, 광물, 카카오 열매와 팜유 같은 것들."

"숲은 바다와 비슷하단다. 주변에 사는 사람들을 먹여 살리거든. 아무리 퍼다 써도 마르지 않을 거라고 생각하는 점도 비슷하지."

덜컹거리는 트럭마다 산더미 같은 나무와 석탄, 갖가지 열매가 실려 있었고, 뭐가 들었는지 알 수 없게 천막을 친 트럭들도 있었다.

펄럭. 바람이 불자 뿌옇게 흙먼지가 일었고 트럭을 덮은 천막이 펄럭거렸다. 놀랍게도 트럭 안에는 사람들이 타고 있었다. 그들은 겹겹이 쌓인 나무 상자에 아무렇게나 걸터앉아 있었다.

아이들과 눈이 마주치자, 하얀 이를 드러내며 웃었다. 아이들은 긴장한 얼굴로 딴청을 부렸다. 어쩐지 눈을 마주치면 안 될 것 같았다. 호야가 입술을 움직이지 않고 재빨리 속삭였다.

"총이잖아, 저거. 안돼. 쳐다보지 마."

아이들은 호야의 말에 호기심을 누르지 못하고 몰래 쳐다봤지만, 트럭은 덜컹대며 속도를 내고 있었다. 설마… 호야가 잘못 봤겠지. 만약에 진짜 총이라면? 무엇 때문일까? 정치 상황이 불안정하다고 해도 이런 숲속에까지? 민간 경비원일까?

"우선 트럭을 따라잡겠습니다. 위치를 알려 드릴 테니 지원 인력을 보내 주세요."

개미박사님은 바쁘게 통화를 하며 운전했다.

"정글 한복판에 도로가 나고, 그 길로 트럭이 지나고, 숲은 점점 줄고, 동물들에게는 재앙이야."

우중충한 회색으로 변한 다윈박사님 그림자가 아이들 머리 위로 어른거리며 떠다녔다. 다윈박사님은 감정에 따라 색깔이 달라지곤 했는데, 저 우중충한 색깔로 봐선 지금 무척 우울하다는 뜻이었다.

트럭을 따라 갈림길로 들어서자, 커다란 광장과 마을이 나왔다. 화려한 원색 옷을 입은 사람들이 활기차게 물건을 사고팔고 있었다. 대부분은 좌판도 없이 그냥 흙바닥에 물건을 펼쳐 놓고 팔았다. 머리에 원색의 화려한 두건이나 모자를 쓴 모습이 신기했다.

"헥헥, 더워 죽겠는데 저렇게 모자를 쓰면 더 덥지 않나?"

호야가 와니에게 속삭였다. 풍선거미에서 내린 아이들은 곧 이유를 알게 되었다.

"으아악, 머리 가죽이 타들어 가는 것 같아."

얼마 지나지 않아, 아이들 모두 주변에서 구한 천으로 머리를 감쌀 수밖에 없었다. 그러자 한결 시원해졌다.

"비글호 탐험에서 이런 왁자지껄한 곳엔 처음 오는 것 같아."

"다른 나라 사람들은 어떻게 사나, 다양한 모습을 보는 게 재밌어."

아이들은 수다를 떨며 개미박사님을 따라다녔다. 신발과 옷, 다양한 물건을 파는 곳을 지나, 먹거리를 파는 곳에 들어서자 온갖 냄새로 어지러웠다. 생선 비린내와 고기 굽는 냄새, 달콤한 꽃향기와 과일 냄새, 매콤한 향신료와 허브 냄새가 뒤섞여 있었다. 개미박사님은 시장 곳곳을 누비고 다녔다.

"저기로군!"

개미박사님이 눈을 반짝이며 모퉁이 가게로 성큼성큼 다가갔다. 그곳은 야외 테이블이 서너 개 놓인 식당이었다. 좌판 위에는 가득 쌓인 채소와 반쯤 구운 고깃덩어리들이 먹음직스럽게 진열되어 있었다. 천막 안 커다란 솥에서는 보글보글 스튜가 끓고 있었다.

"킁킁, 와, 진짜 맛있는 냄새다. 닭고기인가? 소고기?"

"가만있자, 토마토, 가지, 고추, 카레 냄새도 나는걸?"

호야와 와니는 코를 킁킁대며 맛있는 냄새를 맡았다. 갑자기 배가 고파졌다.

"이 식당 맛있나 봐. 냄비 속 고깃덩이도 엄청 커."

식당은 사람들로 꽉 차 빈자리가 없었다.

"켁켁, 이 뿌연 연기는 뭐야? 우웩, 고약한 냄새~."

아라와 미리는 동시에 코를 감싸 쥐었다. 아이들은 어디선가 불어온 회색 연기에 휩싸였다. 개미박사님은 심각한 표정으로 가게 주인과 이야기를 하는 중이었다.

아모스네 식당. 야생 고기 전문.

의자와 테이블, 먹음직스러운 식재료들이 쌓여 있는 모퉁이를 돌아가자, 식당 뒷마당이었다. 그곳에는 커다란 도마와 식칼, 무언가를 씻어 낸 물동이가 놓여 있었다. 숯불 위에서는 고기가 익어 가고, 바닥에는 여전히 불꽃이 탁탁거리는 가스 토치가 있었다. 연기가 사라지자, 뒷마당에 가득 쌓인 고기 무더기가 보였다.

놀랍게도 이 식당은 원숭이, 악어, 혹멧돼지, 주머니쥐 같은 온갖 야생 동물로 음식을 만들어 파는 곳이었다. 그제야 이 식당의 정체를 똑똑히 알 수 있었다.

"이게 다 뭐야? 저거 원숭이잖아!"

아라가 입을 틀어막았다. 호야는 거꾸로 매달린 악어를 멍하니 보고 있었다. 그때 개미박사님 목소리가 들려왔다.

"여러분의 생업을 방해하려는 것이 아닙니다. 다만, 숲속 동물 중에는 심각한 멸종위기종도 있어요. 잘못 먹으면 병에 걸릴 수도 있고요."

개미박사님은 도로에서 보았던 트럭 중 하나가 불법 밀렵꾼의 트럭임을 눈치채고 이곳까지 쫓아온 것이었다. 때마침 개미박사님의 연락을 받은 사람들이 식당으로 들어왔다. 초록색 유니폼을 입고 고무장화를 신은 사람 둘, 그리고 시청에서 나왔다는 공무원 하나, 경찰관 하나. 개미박사님 쪽 사람들이 불어나자, 배짱을 부리던 식당 주인의 태도도 조금은 누그러졌다.

"여긴 아무것도 없다니까요. 염소랑 원숭이, 흔해 빠진 악어랑 뱀뿐이에요."

"만약에 치료나 보호가 필요한 동물이 있으면 우리가 데려가도 되겠습니까?"

개미박사님은 부드럽고 예의 바른 태도로 물었다.

'저렇게 점잖다니. 암행어사처럼 다 뒤집고, 마구 혼내 주면 안 되나?'

와니는 불만이었다. 그러나 박사님은 끝까지 예의 바르게 대했다.

식당 주인은 뒤뜰과 창고를 수색하는 걸 겨우 허락했다. 이 수상한 식당은 그저 야생 고기를 파는 아프리카의 흔한 시골 식당일 뿐이었다. 야생 동물을 싣고 달리던 트럭은 통째로 경찰에 넘겨졌다. 그 안에서 뭔가 불법적인 게 나오면 벌금을 물고 사냥감은 압수당할 것이다.

그때, 한 소년이 모두를 가로막았다.

"정말로 침팬지를⋯ 먹지 않고, 보호해 주나요?"

식당 주인의 아들이었다. 방금까지도 화덕 앞에서 동물의 털을 뽑고 숯에 고기 굽는 일을 돕고 있었던 듯 얼굴과 옷은 검댕 투성이였다.

침풍가 침팬지 보호소. 개미박사님과 나란히 선 사람들의 초록색 유니폼 뒤에는 흰 글씨로 그렇게 적혀 있었다. 그곳은 개미박사님 일행의 목적지이기도 했다. 소년은 잠시 머뭇거리더니, 뒤뜰로 가서 장작더미 사이를 뒤져 까만 털의 무언가를 조심히 안아 올렸다.

"침팬지를 살려 주세요. 엄마를 잃었어요."

축 늘어진 새끼 침팬지는 죽은 것처럼 보였다.

"녀석이 아무것도 안 먹더냐?"

개미박사님이 걱정스럽게 물었다. 소년은 고개를 저으며 대답했다.

"밥이 아니라 사랑이 필요해요."

개미박사님과 아이들을 태운 트럭은 거친 길을 쉬지 않고 달렸다. 바람이 빠진 풍선거미는 축 늘어진 모습으로 트럭 위에 얹혀서 갔다. 뜻하지 않게 침팬지 새끼를 맡게 돼 모두 마음이 급했다.

"눈도 안 맞추고 허공만 봐요. 몇 살이나 되었을까요?"

미리는 침팬지를 부드럽게 쓰다듬으며 물었다.

"한 살쯤 된 것 같다. 언제 붙잡혔는지 모르겠지만, 그 식당

아들이 나름 잘 보살펴 준 것 같더라."

"애 엄마는 어떻게 되었을까요? 어떻게 여기까지 왔을지 궁금해요."

얼마 전까지 황제펭귄 촐랑이 엄마였던 아라는 기분이 남다른 듯했다.

"엄마는 죽었을 거야. 어미는 고기로, 새끼는 애완용으로 파는 거지."

반나절 가까이 달려 일행은 마침내 목적지에 도착했다.

침풍가 침팬지 보호소는 약 30년 전에 만들어졌는데, 아프리카에서 가장 큰 규모라고 했다. 멀리 바다를 건너온, 푸른 눈의 금발 여자가 오랜 시간 사람들을 설득하고 노력해서 만들었다고 했다.

평범한 관광객들처럼 멋진 보트를 타고, 사파리 투어를 하며 아프리카를 즐기기만 해도 괜찮았을 텐데. 그 푸른 눈의 여자는 왜 침팬지를 구하려고 애썼을까 궁금했다.

"그야 침팬지를 사랑하니까."

개미박사님은 30년 전, 이 보호소를 만들었다는 분의 대답을 들려주었다. 그곳에는 수의사와 사육사, 연구원들이 살고 있었다. 보호소 대부분은 침팬지들을 위한 공간이었고, 직원과

수의사가 머무는 오두막은 작고 소박했다.

"침팬지들이 90퍼센트쯤을, 나머지 10퍼센트를 인간들이 쓰고 있대."

개미박사님이 재단 직원의 말을 통역해서 알려 주었다.

"이상적인 지구별 모습이네요. 인간은 10퍼센트의 땅에 살고, 나머지 90퍼센트엔 동물과 식물들이 평화롭게 살고요."

"쳇, 그러면 그 많은 사람들을 어쩌냔 말야."

"일단 우리끼리 500층 아파트를 지어서 모여 살자."

"그게 감옥이지 집이냐? 무슨 개미굴 짓냐?"

"맞아. 우리가 죄인이야?"

"그럴지도. 그동안 인간이 자연에 저지른 죄를 반성하는 의미로."

아이들은 안내원의 설명을 들으며 보호소를 둘러보았다.

수의사와 관리사들이 있는 의료동, 직원들이 머무는 숙소와 식당 그리고 침팬지들이 쉬고 잠자는 사육장은 나이와 상황에 따라 몇 그룹으로 나눠져 있었다. 그중에서도 5살 미만의 새끼 침팬지들을 모아 둔 '고아들의 방'이 제일 특별했다.

"아침마다 침팬지들을 풀어 주기 전에 망가진 담장은 없는지 잘 살펴야 한다."

침팬지들이 지내는 사육장을 빼면, 보호소의 나머지는 어마어마한 크기의 숲으로 이루어져 있었다. 건강을 회복한 침팬지들은 처음에는 작은 놀이 공간에서 지내다가, 사육사들과 함께 작은 숲으로 나간다. 거기서 침팬지의 삶에 대해 배운다.

"언제까지나 사육사가 먹이를 줄 수는 없잖니. 스스로 열매를 찾고, 침팬지 친구들과 사귀면서 혼자 살 수 있는 연습이 필

요한 거야."

 안전을 위한 녹색 철조망을 제외하면, 침팬지 보호소는 말 그대로 위험한 사냥꾼이나 동물들이 없는 작은 숲과 같았다. 군데군데 나무로 만든 집과 출렁다리, 오두막과 전망대가 있는 게 특이했다.

 보호소 직원 숙소에 아이들 방이 마련됐다. 방에는 작은 침대 둘과 작은 책상 둘뿐이었고 아주 단출했다. 침대마다 모기장이 늘어져 있었다. 멀고 낯선 아프리카 땅에서 맞는 첫날 밤이었다.

끼이이이~ 후후후후~ 우아아아아~

아이들이 잠을 청하려고 할 때마다 시끄러운 울부짖음이 정적을 깨곤 했다.

"한국이었으면 당장 인터폰을 울렸을 거야. '잠 좀 잡시다!' 하고."

"밤에는 침팬지들도 각자 우리로 돌아간다고 했는데."

"저건 숲속에서 들려오는 소리 같은데? 누굴까?"

"무슨 말을 하는 건지 알아들을 수 있다면 좋을 텐데…."

아이들 대화가 점점 느려졌다. 비글호를 타고 모험을 시작한 이후, 이런 소음에는 익숙해져 있었다. 오히려 자연의 소리라 더 좋았다. 어쨌든 이 괴이한 울부짖음은 새벽이 되어서야 잠잠해졌.

"자, 아라와 호야는 식당으로 가서 아침 준비를 돕고, 미리와 와니는 어제 구조한 새끼 침팬지를 돌봐야 하니 의료동으로 가거라."

예전에 아이들은 누가 심부름을 시키면 귀찮아서 꾸물거리며 미루곤 했었는데, 비글호 탐험대원이 된 후로 다들 빠릿빠릿 열심히 일했다. 스스로 일하지 않으면 비글호든, 식당이든 연구소든, 제대로 돌아가는 일이 없기 때문이었다.

아직 젖을 떼지 않은 새끼들에게는 분유를 줘야 했다. 뜨겁지도 차갑지도 않게 준비했는데, 젖병을 옮기는 게 문제였다.

"가만있자. 어떻게 하면 한 번에 다 운반할 수 있을까?"

호야가 궁리하는 사이, 아라가 어디선가 큰 양동이를 가져왔다. 그리고 재빠르게 젖병을 꽂았다. 꼭 꽃꽂이하는 것처럼.

보호소에는 새끼 침팬지들이 서른 마리나 있었다. 젖병을 담은 수레가 다가가자, 다들 모여들었다. 고사리같이 작고 귀여운 손들이 마구 뻗쳐 왔다.

"젖병만 주면 혼자서 잘 먹는구나."

아기 침팬지들은 젖병 사용법을 이미 알고 있었다.

"뭐지? 이번엔 과일 지옥인가?"

다음엔 젖을 뗀 침팬지들을 위한 과일과 채소 손질이 기다리고 있었다. 어마어마한 양의 과일을 적당한 크기로 손질하고, 채소도 조각내 담았다.

"껍질이나 뿌리는 그대로 둬도 돼. 침팬지들은 껍질도 맛있게 먹는다."

다윈박사님은 도와주지도 않으면서 언제나처럼 폭풍 잔소리였다.

"내게 진짜 손과 발이 있었더라면 너희를 도와줬을 거야. 정말이야, 내 재생 버튼을 걸고 맹세해."

다윈박사님은 아이들이 정신없이 바쁠 때마다, 유독 더 잔소리가 심해지곤 했다. 옆에서 입으로만, 응원한다, 힘을 내라, 어쩌고저쩌고.

"진짜 다원박사님 어떨 땐 전원을 살짝 끄고 싶어."

"정말이지 끔찍할 거야. 수다도, 자료 수집도 모두 멈춤. 우리가 다시 불러 줄 때까지 억지로 블랙박스 안에서 잠만 자야 하니까."

"흐흐흐, 정말 조용하고 좋겠다, 그치?"

속닥거리는데, 뒤에서 다원박사님이 불쑥 나타났다.

"싫어, 안 돼! 저 블랙박스 속에 갇혀 있는 느낌은 아무도 몰라. 관에 들어가 있는 기분이라고."

'우리 다원박사님 귀도 밝으시네.'

미리와 와니는 개미박사님과 함께 어제 구조한 새끼 침팬지를 보러 갔다. 위기는 넘겼다지만, 여전히 아무 반응이 없다고 한다.

"엄마를 잃은 충격이 너무 큰가 봐요. 어쩌죠?"

"슬픔 때문에 침팬지가 죽을 수도 있어요?"

"그럴 수 있지. 너무 슬퍼하다 보면 몸이 쇠약해져서 쉽게 병에 걸린단다. 반대로 행복하고 사랑을 많이 받으면 병이 와도 잘 이겨 낼 테고."

그때였다. 온갖 냄새를 쫓아 사방을 뛰어다니던 강치와 제

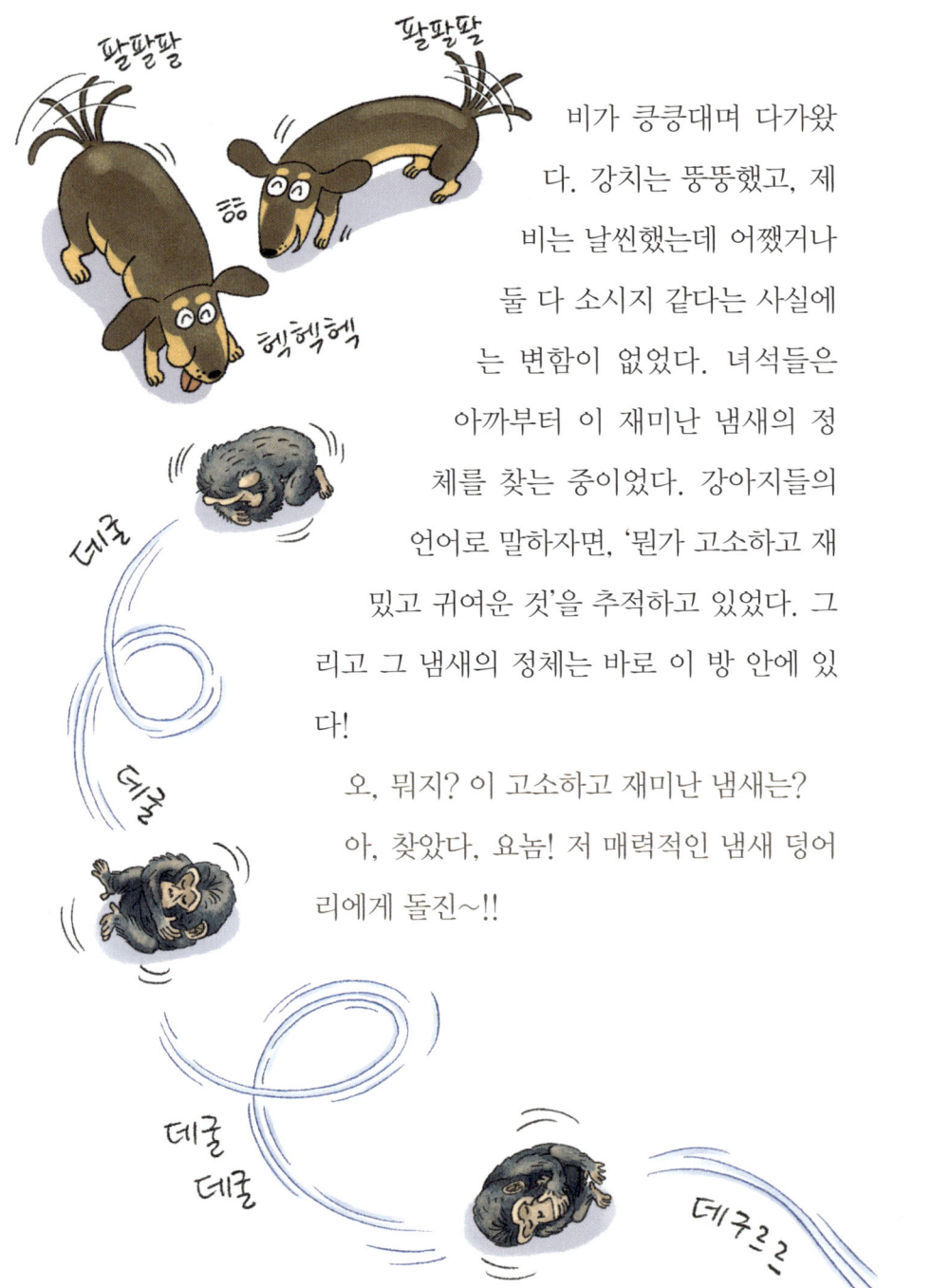

비가 쿵쿵대며 다가왔다. 강치는 뚱뚱했고, 제비는 날씬했는데 어쨌거나 둘 다 소시지 같다는 사실에는 변함이 없었다. 녀석들은 아까부터 이 재미난 냄새의 정체를 찾는 중이었다. 강아지들의 언어로 말하자면, '뭔가 고소하고 재밌고 귀여운 것'을 추적하고 있었다. 그리고 그 냄새의 정체는 바로 이 방 안에 있다!

오, 뭐지? 이 고소하고 재미난 냄새는?

아, 찾았다, 요놈! 저 매력적인 냄새 덩어리에게 돌진~!!

말릴 새도 없이 그대로 새끼 침팬지에게 달려들었다!

"안 돼! 이 녀석들아!"

개미박사님이 다급하게 말렸지만, 소용이 없었다. 강치와 제비는 몹시 흥분해서 냄새 덩어리를 마구 공격했다. 킁킁대며 핥고, 밟고, 코로 굴리고, 비비고, 두드려 댔다. 연약한 새끼 침팬지는 본능적으로 몸을 공처럼 말고 있을 뿐, 아무 저항도 못 했다.

"떨어지라고!"

정말이지 가슴 철렁한 광경이었다.

"제발, 저러다 죽겠어요!"

까아아악, 까르르르.

아이들은 깜짝 놀랐다. 이게 대체 무슨 소리지? 그건 바로 새끼 침팬지가 온몸을 흔들며 웃는 소리였다.

루루루루루, 키키키키키.

어찌나 신나게 웃어 대는지 활짝 벌린 입 안의 귀여운 이빨이 다 보였다.

"쟤 뭐 하는 거야? 설마 좋아하는 거야?"

새끼 침팬지가 처음으로 감정을 드러낸 것도, 침팬지도 사람처럼 '웃는다'는 사실도 놀라웠다.

부르르르, 뽀오오옹~.

아니, 이 소리, 이 냄새는? 까르르 웃어 대다가 방귀까지 뀌어 대다니. 방귀를 정통으로 맞은 강치와 제비는 마치 꽃비를 맞기라도 한 것처럼 더 날뛰었다.

이렇게 멋진 냄새가 나다니, 넌 틀림없이 좋은 녀석일 거야.

우린 네가 좋아.

나도 너희가 좋아. 나랑 계속 놀아 줘.

"와, 정말 거칠게 노는구나. 그런데 너무 행복해 보여."

강치는 침팬지를 등에 태운 채 사방을 뛰어다녔다. 녀석은 강치의 두 귀를 꼭 쥐고 까르륵 웃어 댔다. 꼭 조랑말에 올라탄 아기 같았다.

"카우보이 놀이인가?"

침팬지 털은 강아지 침으로 축축해졌다. 덕분에 온몸에 지푸라기며 검불을 주렁주렁 달고 있었다. 달리다가 등에서 굴러떨어져도 상관 안 했다. 꼬랑지나 귀를 붙잡고 끌려가면서도 깔깔 웃어 댔다.

"침팬지 몸은 고무로 만들어져 있기라도 한 걸까?"

침팬지는 무스를 잔뜩 바른 머리처럼 우스꽝스러운 모습이었다.

"휴, 이젠 한시름 놓았어. 마침내 이 녀석이 살기로 결심한 것 같다."

개미박사님은 뛰어노는 강아지와 침팬지를 쳐다보며 슬쩍 눈물을 닦았다.

"강아지들이 저 작고 외로운 침팬지의 친구가 됐나 봐요."

"암, 마음 상처에는 '강아지 연고'가 최고지."

"그럼 이름을 지어 줄까요? 이름도 없이 시장 한구석에서 죽을 뻔했잖아요."

"그러자꾸나. 이름은 가장 짧은 소원이자 주문이니까."

새끼 침팬지는 강아지의 꼬리를 잡고 입으로 **루루루루** 소리를 냈다.

"루루 어때? 저 꼬맹이가 입으로 내고 있잖아."

"혹시 나쁜 뜻이면 어떡해? 이름은 짧은 주문이라잖아?"

이럴 때는 역시 다윈박사님이 최고다. 냉큼 불러야지.

"다윈박사님, 아프리카에서 쓰는 말이 뭐예요?"

"프랑스어, 영어도 흔히들 쓰지만, 여기선 스와힐리어를 많이 쓰지."

"그럼, 스와힐리어에 '루루'란 말도 있을까요?"

"있어. 루루는 '진주, 작고 귀여운 보석'이란 뜻이야."

오, 루루? 정말이지 예쁜 이름이다. 바다 깊은 곳, 주위를 아름답게 비추는 진주가 떠올랐다. 네 이름은 이제부터 루루야.

앞으로 씩씩하게 쑥쑥 크렴. 엄마를 잃었지만, 그 아픔을 견디고 단단해지자. 그래서 언젠가 네가 자랐던 푸른 숲으로 돌아가서 행복하게 살아가렴.

3.
팬트후트

"개미박사님, 이번에는 침팬지 슈트를 안 입나요?"

"맞아요, 짹짹이도요. 침팬지랑 이야기하고 싶어요."

와니와 미리는 갑자기 궁금해졌다. 이번에는 왜 슈트를 입지 않지?

"이곳은 침팬지 보호소잖니. 여기서는 자연스러운 침팬지의 모습을 관찰할 수가 없어. 숲에 가면, 그때는 특별한 장비들이 필요하게 될 거다."

루루는 빠르게 회복되었다. 어느 정도냐 하면 아이들의 임무가 '루루와 놀아 주기'가 되었을 정도였다.

정말 힘든 건, 1번부터 4번까지 하고 나면, 다시 1번으로 돌아가 무한 반복해야 한다는 점이었다.

"너무 힘들어서 더는 못 할 것 같아."

미리는 쓰러지기 직전이었다. 그때 와니가 싱긋 웃으며 대답했다.

"후훗, 무료 도우미를 쓰면 된다고."

루루는 구복이 등에 올라타길 좋아했다. 심심할 때면 어김없이 구복이 등에 올라타서는 느릿느릿 바닥을 기어다녔다. 튼튼하고 강한 구복이는 등짝에 루루가 매달려 있건 말건 상관 안

했다. 제 고향 아프리카에 돌아와서 무척 기쁜 듯했다. 둘은 어디든 붙어 다녔다. 이제 구복이는 상추와 배추 말고, 진짜 아프리카 풀을 먹을 수 있다!

와니가 말한 무료 도우미는 강치와 제비 그리고 구복이와 핀이었다. 루루는 누구와 놀든 상관없이 즐거워했다.

"잊지 마라. 노는 것만큼 중요한 건, 루루에게 엄마 같은 사랑을 주는 거야."

개미박사님은 늘 이렇게 말하곤 했다.

"그게 뭔데요? 어떻게 해야 해요?"

"안아 주고, 재워 주고, 따뜻한 온기를 주는 거지. 침팬지들은 몸을 맞대고, 쓰다듬고, 껴안는 걸 정말 좋아해."

방금 전까지 여기저기 뛰어다니며 웃고 달리던 꼬마 루루는 강치와 제비, 통통하고 말랑한 두 강아지 사이에서 평화롭게 잠들어 있었다. 완전히 지친 구복이는 머리와 다리를 등껍질 속에 집어넣고는 꼼짝도 하지 않았다.

아이들은 매일 산더미같이 쌓인 채소와 과일을 손질하는 일에 익숙해졌다. 시간이 지날수록 침팬지들 이름과 얼굴, 특징을 기억할 수 있게 되었다.

"정말 신기해. 침팬지 얼굴을 구분하게 될 줄이야."

"그런데 침팬지들도 우리를 알아보는 것 같아."

그중에서 눈에 띄는 침팬지는 쥬바였다. 쥬바는 11살 먹은 수컷이었다. 아이들과 나이가 비슷했고, 침팬지 세계에서는 아이도 아니고 어른도 아닌, 막 사춘기에 접어든 나이였다. 사육사들 사이에서 쥬바는 골칫덩이에 말썽꾸러기였다.

"침팬지들과 어울리지 않고, 밤에도 우리에서 안 자고 숲을 돌아다닌대."

"얌전하다가도 사육사들이 등을 보이면 갑자기 공격하기도 하고."

"쥬바는 어떻게 여기에 오게 되었어요?"

"여기 온 침팬지들은 저마다 슬픈 사연을 갖고 있지."

아라의 질문에 개미박사님은 쥬바의 이야기를 들려주었다.

"쥬바도 어릴 적에 애완용으로 팔려서 그 집에서 꽤 잘 지냈대. 보다시피 침팬지 새끼가 귀엽잖아. 쥬바는 사람들과 한 식탁에서 밥도 먹고, 침대에서 같이 잠도 잤대."

"와, 저도 고양이 로로랑 같이 자요."

아라가 손뼉을 치며 좋아했다.

"그런데 애완용 침팬지들이 나이를 먹으면 어떻게 되는지 아니?"

"어떻게 되는데요?"

"쥬바를 좀 봐. 벌써 어른 침팬지 흉내를 내고 있지. 침팬지는 저마다 그 나이 때마다 배워야 할 것, 경험해야 할 것들이 있단다. 수컷 침팬지는 점점 힘도 세지고, 어떨 땐 공격적으로 변하기도 해."

"그럼 쥬바를 파양한 거예요? 커서 다루기 어렵다고?"

아라가 울상이 되었다. 생각만 해도 가슴이 찢어지는 기분이었다.

"그래. 쥬바는 버려졌어. 그게 많은 애완용 침팬지들이 겪는 일이야. 그렇게 버려진 침팬지들은 실험실에 팔리거나 동물원, 심지어는 야생 고기 식당에 넘겨진단다. 쥬바는 돌고 돌아 어느 동물원에 보내졌는데, 아주 형편없는 곳이었어. 감시가 소홀한 틈을 타 쥬바는 달아나 버렸고."

이곳에 온 침팬지 중에 쥬바만큼 사람과 오래 살았던 침팬지는 없다고 했다. 쥬바는 평생을 숲이 아니라, 집 안에서 사람들과 함께 살았다.

쥬바는 정서가 불안한 아이처럼 주변을 빙글빙글 돌며 꽥꽥 소리를 질러 댔다. 뛰어다니며 이것저것 건드리고 쓰러뜨리는 바람에 쥬바가 다가오면 침팬지들은 기겁하고 물러났다. 어디선가 양동이를 끌고 와서는 바닥에 대고 두드려 침팬지들을 달아나게 만들기도 했다. 정말로 말썽꾸러기에 미치광이 침팬지였다.

"대체 왜 저러는 거죠? 정말 골칫덩이처럼 구네요."

기세가 한풀 꺾인 쥬바는 무리와 떨어져 나무 등걸에 혼자 앉아 있었다. 쥬바는 분명 자신을 사람이라 생각하고 살았을 것이다. 엄마를 잃은 슬픔을 가족들의 사랑으로 극복했다고 믿었을 것이다. 그런데 어느 날 갑자기 버려진 것이다.

"쥬바 나이 때는 수컷 그룹에 들어가 사냥도 배우고 힘겨루기 연습도 하는 시기거든. 사랑받고 싶은 아이의 마음과 침팬지의 몸이 싸우는 거야."

"왜 저렇게 친구들을 괴롭히는 거예요?"

"괴롭히는 게 아냐. 자기가 얼마나 멋진 녀석인지 과시하는 거지. 그렇지만 침팬지들 보기에는 두려울 수밖에. 쥬바는 침팬지들과 말하는 법도, 침팬지답게 사는 법도 몰라."

침팬지다운 삶? 그게 대체 뭘까? 그때 쥬바는 갑자기 고개를 꺾어 하늘을 보았다. 그러고는 입술을 오므리고 **우후후후훗** 울부짖기 시작했다.

"밤마다 시끄럽지 않았니? 쥬바는 지금 팬트후트를 하는 거야."

"팬트후트란 침팬지들의 의사소통 수단 중 하나인데 멀리 있는 동료들에게 자신의 존재를 알리는 거야."

개미박사님과 다윈박사님이 번갈아 가며 설명했다.

"입술로 정말 다양한 소리를 내네요. 무슨 뜻일지 궁금해요."

아라가 고개를 갸웃거렸다. 와니는 대답 대신 열심히 쥬바를 흉내 냈다.

우후후후후~ *끼끼끼이이~*.

쥬바는 와니에게 대답이라도 하듯 열심히 울부짖었다. 쥬바가 먼저 울면, 와니가 똑같이 따라 했다. 와니가 따라 하면, 이번에는 쥬바가 진지하게

들어 주었다. 나란히 마주 보고 선 둘은 꼭 형
제 같았다. 덕분에 보호소의 모든 침팬지들이
팬트후트에 동참하기 시작했다. 귀청이 찢어질 듯 시끄러웠다.
"으악, 귀가 먹먹해요."
다른 아이들과 개미박사님은 귀를 막고 서둘러 떠날 수밖에

없었다. 와니는 팬트후트 놀이에 완전히 심취했는지, 전혀 시끄럽지 않은 모양이었다.

개미박사님은 보호소와 재단이 함께 준비 중인 비밀 임무 수행을 위해 며칠 동안 자리를 비우게 되었다.
"또 우리만 떼어 두고 비밀 임무를 수행하러 가신다고요?"
"우리만 침팬지들 밥 주고, 똥 치우고, 놀아 주고, 바쁘겠네요."
아이들이 아우성쳤다. 개미박사님은 마치 선심이라도 쓰듯 대답했다.

"자세한 건 다녀와서 얘기해 주마. 그동안 침팬지들과 대화를 해 보렴. 장비나 도구 없이 말야. 우린 같은 영장류잖니."

'쳇, 침팬지 랩하는 소리 마세요, 박사님.'

개미박사님은 도토리 탐사선을 타고 떠났고, 오전 일과를 마친 아이들은 샌드위치를 먹고 있었다. 구복이는 루루를 태운 채 침팬지들 사이를 기어다니며 풀을 뜯었다. 가끔은 커다란 바위나 나뭇가지에 걸려 낑낑대곤 했다. 그러면 루루는 구복이 버스에서 내려서는, 혼자 몸을 뒤집지 못하고 낑낑대는 구복이를 돕곤 했다. 침팬지들은 낮에는 거대한 숲속 놀이터에서 자유롭게 시간을 보냈다.

"침팬지들은 정말 좋겠다. 사람이라면 공부할 시간인데, 죄다 놀이 시간이잖아."

아이들이 투덜거리자, 다윈박사님이 말했다.

"침팬지들에겐 놀이가 곧 공부야. 놀이를 통해 수많은 학습을 하지."

그 모습을 보던 와니가 갑자기 벌떡 일어나 외쳤다.

"좋은 생각이 떠올랐어! 애들아, 나를 따라와."

"안 된다, 안 돼! 그게 무슨 생각이든, 하면 안 돼! 제발 그만 둬!"

　다윈박사님은 팔랑팔랑 전속력으로 아이들을 쫓아오며 폭풍 잔소리를 해 댔다.

　"박사님은 이럴 때 손발이 없는 게 안타까우시죠? 흐흐흐."

　"걱정 마세요, 다윈박사님도 끼워 줄게요."

　짜잔. 와니의 제안은 간단했다.

　"그동안 우리가 이 둔한 인간의 몸으로 침팬지들과 놀아 주기가 얼마나 힘들었냐? 우린 침팬지 슈트를 입어야 돼."

　다윈박사님이 말렸지만, 아이들은 와니 말이 일리가 있다고 생각했다. 이렇게 침팬지 인간이 탄생하게 된 것이다.

"짜잔! 이 스케이트보드를 박사님의 잡동사니 창고에서 발견했어!"

"그걸로 뭘 하게?"

와니는 대답 대신, 공구함에서 톱과 망치를 가져와 뚝딱거리며 무언가 만들기 시작했다. 그건 바로 구복이 전용 스케이트보드, 일명 **구복이보드!**

"이제 구복이는 침팬지를 태우고 빠르게 달릴 수 있어. 우리는 침팬지들과 맘껏 놀 수 있고. 한번 시험해 보자!"

와니의 말에 아이들은 침팬지들이 모여 있는 숲속 놀이터로 달려갔다.

뭐야, 저 흰 얼굴 원숭이들은!

침팬지들은 이 낯선 침팬지 무리를 보자마자 펄쩍 뛰었다. 다들 겁에 질려서 뿔뿔이 흩어지고 말았다.

"우리 생각이 짧았나? 침팬지들이랑 금세 친해질 줄 알았는데."

아이들이 몹시 실망해서 돌아서려는 찰나, 멀리 흔들다리 위로 날듯이 달려오는 침팬지가 있었으니, 쥬바였다.

너희 다른 숲에서 왔어? 이방인이야? 아니면 흰 원숭이니?

쥬바는 평소처럼 손가락 마디를 짚고 네발로 걷지 않았다. 천천히 몸을 세우더니 두 발로 일어서는 것이었다. 그 모습이 꼭 숲속의 사람 같았다. 가까이 다가와 이 괴상한 사총사를 한참 쳐다보았다. 그러고는 천천히 두 팔을 올리더니, 신이 나서 달려들었다.

바로 구복이보드 위로.

으하하하하, 나 이거 알아. 바퀴 달린 거북이. 쥬바 장난감.

쥬바는 놀랍게도 구복이보드를 선수처럼 능숙하게 탔다. 쥬바는 좀 더 반질반질 매끄러운 바닥을 찾아 구복이보드를 들고 여기저기 돌아다녔다. 그러고는 구복이보드로 점프하고, 뒤집고, 계단에서 내려오는 여러 묘기를 보여 주었다. 쥬바는 신이 나서 깔깔대며 웃었다. 웃을 때 배를 움켜쥐고 이빨을 드러내며 박수치는 모습도 사람이랑 똑같았다!

흰 원숭이가 침팬지 옷을 입었구나, 우습다.

쥬바는 온몸을 떨며 실컷 웃고 난 뒤에야 눈을 반짝이며 말했다.

안녕?

아, 저건 침팬지식 인사말이었지? 아이들이 아침마다 연습했던 바로 그 팬트후트 말이다. 아이들은 모두 귀 옆에 달린 침

팬지 짹짹이 버튼을 눌러 대답했다.

"안녕? 안녕! 우리는 네 친구야. 우리는 절대 널 해치지 않아."

쥬바는 아이들의 눈동자를 한참 쳐다보았다. 동물들이 인간과 눈을 마주치면 소스라치게 놀라 달아나거나 공격하는 것과는 달랐다. 쥬바의 눈동자에는 아이들에 대한 호기심과 친근함이 가득 담겨 있었다.

그럼, 놀자!

짧은 대답과 동시에 쥬바는 순식간에 몸을 날려 나무줄기를 잡고는 나무로 기어 올라갔다. 아이들도 쥬바를 따라서 나무를 탔다.

내가 이 숲의 왕이다!

쥬바는 신나게 소리를 지르며 늘어진 나무줄기를 잡고 회오리 그네를 탔다. 나무줄기를 잡고 꼬았다 풀자, 제자리에서 팽이처럼 팽그르르 돌았다.

"쥬바, 조심해! 떨어지겠어!"

쥬바는 보란 듯 나무 위에서 아슬아슬하게 곡예를 펼쳤다. 아무 보호 장비 없이 공중으로 몸을 내던졌다가, 추락하기 직전 덩굴줄기를 잡고 다시 솟구쳐 올랐다. 쥬바는 나무 사이를 날아오르고 뛰어다니면서 자유로움과 기쁨을 느끼는 모양이었다. 쥬바는 정말이지 숲속의 왕, 용감한 타잔 같았다!

"야호! 신난다. 기다려, 내가 잡을 테니까!"

침팬지 슈트의 끈끈한 손바닥과 발바닥은 도마뱀붙이처럼 나무나 벽을 타기에 안성맞춤이었다. 침팬지 슈트를 입자, 팔다리의 움직임이 침팬지처럼 부드럽고 유연해졌다. 정말 침팬지와 함께 나무 사이를 날아다니는 기분이란!

"얘들아, 엄지발가락 기능을 써 봐. 이거 진짜 끝내준다!"

가장 먼저 엄지발가락 기능을 발견한 와니가 소리쳤다. 침팬지 슈트의 엄지발가락에는 특별한 기능이 숨겨져 있었다. 엄지발가락을 자유자재로 움직여 무엇이든 움켜쥐는 게 가능했다. 심지어 엄지발가락만으로 거꾸로 매달려 있을 수 있었다.

나는야, 정글의 왕, 타잔이다~!

쥬바와 아이들의 목소리가 숲속 가득 울려 퍼졌다.

4.
막대기 사용법

쥬바와 아이들은 숲속 깊은 곳까지 들어가 술래잡기 놀이를 했다.

나를 따라와. 내가 제일 좋아하는 곳에 데려갈게.

쥬바는 이렇게 소리치고는 나무줄기 사이로 빠르게 앞질러 갔다. 쥬바는 양팔을 번갈아 사용해서 자유롭게 나무 사이를 오르내렸다.

"쥬바, 우린 아직 너처럼 나무를 잘 타지 못해."

"조금만 천천히 가자."

아이들은 덩굴손 밧줄을 사용해 부지런히 쥬바를 따라갔지만 역부족이었다. 쥬바가 눈앞에서 사라져 버리고 말았다.

"헥헥헥, 대체 쥬바는 어디로 간 거야?"

아이들은 나뭇가지에 앉아 숨을 헐떡였다. 사방이 고요했다. 멀리서 나뭇잎이 바람에 쓸리는 소리가 들렸다. 숲이 요동치며 나무들이 울기 시작했다.

"아, 저기야. 쥬바가 저기에 있어."

쥬바는 커다란 나무줄기에 올라가 있었다. 숲에서 가장 높은 곳이었다. 그곳에서는 사방이 훤하게 다 보였다.

"여기가 네 비밀 장소니?"

제일 먼저 도착한 미리가 다정하게 물었다. 쥬바가 자주 오는 곳인 듯, 주변의 나뭇잎과 잔가지들을 꺾어 나무 위에 안락한 침대를 만들어 놓았다.

여기가 내 방이야. 내가 전에 살던 방이랑 비슷해.

줄지어 올라가는 개미를 손가락으로 톡 건드리며 말했다. 쥬바는 처음으로 자기 방에 놀러 온 친구에게 뭔가 재미난 걸 보여 주고 싶은 것 같았다.

"여기에 와 있으면 외롭거나 심심하지 않아?"

외롭고 심심하니까 여기 오는 거야. 여기 있으면 옛날 생각이 나.

"밤에는 대체 왜 그렇게 우는 거니? 친구들이 겁먹잖아."

갇히는 게 싫어. 바닥이 축축하고 차가워.

"아, 그랬구나. 그럼 이제부턴 바닥에 짚을 깔아 줄게."

미리는 침팬지들이 개미를 무척 좋아한다는 사실을 떠올렸다. 미리는 손을 뻗어 나뭇가지를 하나 꺾었다. 나뭇잎을 떼어 내 매끈하게 다듬어서 개미 앞에 내려놓았다. 개미들이 행렬에서 빠져나와 나뭇가지를 타고 올라오기 시작했다. 쥬바는 초조함과 놀라움이 뒤섞인 표정으로 나뭇가지에 빽빽하게 붙은 개미 떼를 바라봤다.

"저번에 등을 보인 사육사는 왜 공격했어? 다칠 뻔했잖아."

사람들이 등을 보이면 떠난다는 뜻이니까. 또 나를 두고 가겠지.

"잠시 떠나는 거지 널 버리는 게 아냐. 그러니까 화내지 마."

쥬바는 멋쩍게 제 몸을 북북 긁었다. 이젠 사람을 공격하지 않겠다는 뜻인 것 같다.

"이렇게 높은 데 앉아 있으면 무섭지 않아?"

사람은 나무 위를 무서워해. 그런데 침팬지는 나무 위가 편해. 우리는 먹이를 구하거나 볼일이 있을 때만 나무에서 내려오지. 잠도 이렇게 높은 데서 자는 게 좋아.

"맞아. 우린 나무 위보다 땅이 더 편해."

가족들이랑 살 때, 나는 나무를 탈 줄 몰랐어. 개랑 놀고 아이들과 닭장 안에 들어가서 숨바꼭질을 했지. 나무 타는 건 여기 와서 침팬지들을 보고 배운 거야.

미리는 조심스럽게 개미로 새까매진 나뭇가지를 들어 올렸다. 쥬바의 눈동자가 흥분으로 커졌다. 미리는 미소를 지으며 나뭇가지를 내밀었다.

"쥬바야, 먹어. 선물이야."

우웨에엑. 어떻게 개미를 먹어?!

쥬바는 갑자기 못 들을 소리를 듣기라도 한 것처럼 얼굴을 찡그리며 고개를 돌려 피했다. 쥬바는 개미들을 한쪽에 얌전히 내려놓았다. 그러고는 개미군단이 다른 길을 찾아 줄지어 집을 향해 기어가는 모습을 한참 구경했다.

너랑 같이 개미들을 구경하고 싶었어.

쥬바에게 개미는 간식거리가 아니라 관찰 대상이었다. 그때였다.

"으아아악! 배… 뱀이다!"

　아이들 바로 옆에서 나뭇가지를 휘감은 채 가만히 매달려 있던 뱀이 꿈틀댔다. 아이들은 비명을 지르며 나뭇가지에서 떨어졌다.
　쿠당탕탕탕, 콩! 딱!
　와니는 무서운 속도로 떨어지다가 용케 엄지발가락으로 단단한 나뭇가지를 붙잡을 수 있었다. 호야는 비틀대며 떨어지다가 품속에서 덩굴손 밧줄을 꺼냈다. 그러곤 단단한 나뭇가지를 찾아 매달렸다. 대롱대롱, 성공! 그리고 덩굴손 밧줄에 매달린

호야에게 매달린 게 하나 더 있었으니, 바로 아라였다.

"으아앙, 날 놓치면 안 돼!"

이제 남은 건 미리. 미리는 어떤 안전장치도 없이 까마득한 높이의 나무에서 그대로 떨어지는 중이었다. 수많은 가지들이 미리를 통통통 튀기듯 받아 냈다. 미리는 나무들과도 잘 통하는 걸까?

배가 고파. 목도 마르고. 이제 곧 점심시간이야.

쥬바가 먼저 네발로 달려갔다. 아이들은 점심 준비를 위해 서둘러 복귀했다.

과일 바구니 주위로 침팬지들이 와글와글 모여들었다. 여기저기서 불쑥불쑥 손을 내밀었다. 침팬지마다 성격이 달라서 개중에는 욕심꾸러기도 있기 마련이었다. 힘이 센 침팬지가 더 많은 먹이를 가져가려고 해서 늘 실랑이였다.

나도. 나부터 줘. 난 제일 큰 걸로. 난 저기 달콤한 것으로.

그러나 쥬바는 침팬지들이 좋아하는 과일이나 견과류는 잘 먹지 않았다. 쥬바는 늘 아이들이 먹는 샌드위치나 과자를 노리곤 했다. 그중에서도 쥬바가 제일 좋아하는 건,

츄르릅.

아이스크림이었다! 쥬바가 뒤에서 몰래 아라의 아이스크림을 통째로 깨물어 먹고 달아난 후로, 아이들은 돌아가며 친구의 아이스크림을 지켰다.

"침팬지라면 자고로, 통통한 애벌레나 진짜 개미를 먹어야 하는데."

아이들은 날마다 침팬지들의 새로운 모습을 발견하며 놀라곤 했다. 침팬지들이 숲에 사는 털북숭이 동물이라는 생각은 흐릿해지고, 날이 갈수록 자신과 비슷한 존재로 느껴졌다.

배가 부른 침팬지들은 모래 언덕에 삼삼오오 모여 있었다. 가만 보니 어린 침팬지 하나가 개미굴을 파헤치는 중이었다.

"침팬지는 개미를 아주 좋아하지. 그렇지만, 개미들도 만만치 않아. 깨물고, 개미산을 쏘아 대고, 좀처럼 잡기 힘들거든."

개미굴을 뒤지던 침팬지 하나가 손가락으로 개미굴 주변을 슬금슬금 후벼 파기 시작했다. 성격이 순해서 모두 예뻐하는 '마지'라는 침팬지였다.

앗! 침입자다! 깨물고 할퀴고 쏴라!

돌진! 돌진! 손가락 괴물을 물리쳐라!!

무모하게 개미굴에 달려들었던 마지는 팔이며 얼굴로 기어오르는 개미 떼를 성가시다는 듯 후르르 털어 댔다. 얼굴을 찡그리며 소리 지르는 걸 보니, 노력에 비해 성과는 별로 없는 모양이었다.

그때 불쑥 쥬바가 나타났다. 갑자기 나타난 쥬바 때문에 깜짝 놀란 마지는 소리를 지르며 물러섰다.

때리지 마. 소리 지르지 마. 난 아무 짓도 안 했어.

그러고는 두 팔로 얼굴을 가리는 시늉을 했다. 쥬바는 친구들 사이에서 '종잡을 수 없는, 이상하고 별난 침팬지'였다.

비켜 봐.

쥬바는 멋쩍은 듯 괜스레 옆구리를 북북 긁어 댔다. 그러곤 주변을 두리번거리더니 나뭇가지를 집어 들고 한참 딴청을 부렸다.

"풉, 쥬바 쟤 뭐 하는 거지? 혹시 쥬바가 마지를 좋아하나?"

아이들은 흥미진진하게 쥬바와 마지를 관찰하는 중이었다. 쥬바는 미리가 했던 것처럼 나뭇가지를 분질러서 조심스레 개미굴에 쑤셔 넣었다.

"오, 흰개미 낚시를 하려나 봐."

미리가 숨을 죽인 채 말했다. 과연 저렇게 엉성한 나뭇가지로 될까? 그냥 아무 나뭇가지나 넣고 휘휘 저으면 개미들이 딸려 올라오는 게 아니었다. 드디어 쥬바가 나뭇가지 낚싯대를 살살 빼 올렸는데,

"우하하, 허탕이잖아! 쥬바야, 어쩌면 좋니."

나뭇가지엔 개미가 한 마리도 없었다. 개미군단이 막대기 괴물을 상대해서 철통같은 방어진을 구축했기 때문이었다.

쥬바는 다시 다른 나뭇가지를 가져왔다. 마지는 쥬바가 신기한 듯 자리를 뜨지 않고 기다렸다. 쥬바는 가지를 땅에 대고 부러뜨린 뒤, 다시 반쯤 꺾어서 구멍의 모양에 맞게 낚싯대를 다듬었다.

"오, 저건 쥬바가 자체 제작한 마법의 낚싯대인가?"

호야가 감탄한 듯 중얼거렸다. 쥬바는 새로 만든 낚싯대를 개미굴에 넣고 조심스레 이리저리 돌리고 후비며 낚시를 시작했다. 잠시 뒤, 낚싯대를 빼내자 거기에는 와글와글 개미군단이 통째로 붙어 있었다!

"오, 개미 대풍년이요~!"

"개미들 어쩜 좋아?"

"걱정 마. 여왕개미가 잃은 수만큼 다시 채워 줄 거야."

쥬바는 개미 떼가 까맣게 들러붙은 나뭇가지를 통째로 마지

에게 주었다. 그 모습은 마치 좋아하는 여자 친구에게 솜사탕을 건네는 것 같았다!

개미 갖고 싶어? 너 가져.

마지는 어리둥절해서 쥬바가 준 나뭇가지를 조심스레 받아 들었다.

이거 나 주는 거야? 고마워.

마지는 쥬바의 표정을 살피며 귀엽게 입술을 내밀고는 낚싯대를 죽 훑었다. 바글바글 매달려 있던 개미군단 하나가 그렇게 통째로 사라졌다.

츄르릅, 와그작 와그작.

쥬바는 놀란 표정으로 마지가 개미를 씹어 먹는 모습을 지켜보았다. 이번에는 마지가 낚싯대로 개미굴을 후비기 시작했다.

나를 따라 해 봐.

쥬바와 마지는 나란히 앉아 사이좋게 개미집을 털어 먹었다. 그날은 쥬바에게 처음으로 침팬지 친구가 생긴 날이었다. 그리고 쥬바가 처음으로 개미를 먹어 본 날이기도 했다.

"자, 아기 침팬지들! 일광욕도 하고, 운동도 하자."

와니와 아라가 어린 침팬지들을 숲으로 데리고 나왔다. 아이들의 보살핌 덕에 건강을 회복한 침팬지들이었다.

"어우, 정신없어. 어우, 무거워."

와니는 침팬지들을 내려놓으며 투덜거렸지만, 얼굴엔 웃음이 가득했다. 까르르르, 넓은 풀밭에 던져진 침팬지들은 검은 공처럼 이리저리 굴러다녔다. 아기 침팬지들에게는 장난감이 따로 필요 없었다. 커다란 야자 잎사귀를 잡고 이리저리 흔드는 녀석, 양동이를 뒤집어쓴 녀석, 타이어 그네를 타는 녀석, 서로의 다리를 붙잡고 함께 뒹구는 녀석 등 노는 모습도 제각각이었다.

역시나 제일 인기 많은 장난감은 구복이보드였다. 아기 침팬지들은 구복이보드를 타려고 나란히 줄을 서기도 했다. 동시에 세 녀석이 올라타도 구복이보드는 끄떡없이 튼튼했다.

"우리 구복이야말로 고향에 와서 정말 열심히 일하네."

"그나저나 구복이 힘들지 않을까? 구복이 정체가 궁금해."

사실 구복이의 과거에 대해 아는 사람은 없었다. 5년 전, 아라가 놀이터에서 주워 왔기 때문이다. 세상에, 누가 이렇게 작고 귀여운 거북이를 아무 데나 내다 버린담. 동물병원에 들렀을 때, 수의사 선생님이 이 녀석은 아프리카 육지 거북 종류라고 말해 줬을 뿐이었다. 정확한 종은 '커 봐야 알겠다'라고.

"그런데 구복이 어쩐지 좀 커진 것 같지 않아? 처음에는 다리미 정도 크기였는데."

대체 구복이의 정체가 뭘까 궁금했다. 수명은 얼마나 되고, 다 자라면 얼마나 커질까도. 구복이는 아기 침팬지들을 매달고 빠르게 달렸다. 그동안 느릿느릿 어떻게 참고 살았을까 싶을 정도로. 구복이는 이 신기한 도구가 선물해 준 놀라운 속도가 마음에 드는 것 같았다. 구복이는 제자리에서 빙글빙글 빠르게 회전하고, 커다란 장애물을 넘어갈 때 점프하는 기술도 습득했다. 구복이보드가 공중으로 날아오를 때마다 아기 침팬지들은

모두 같이 소리를 질렀다. 이 모든 놀이는 아기 침팬지들에게 살아갈 힘이었고, 작은 숲은 경험의 학교였다.

"개구쟁이들, 맛 좀 봐라!"

와니는 야자 잎에 매달린 침팬지를 뒤로 한껏 당겼다가 있는 힘껏 밀었다. 그러자 침팬지는 하늘 위로 까마득하게 솟았다가 땅에 닿을 듯 곤두박질쳤다.

우히히히, 더 해 줘, 또 해 줘! 재밌어, 좋아, 신난다!

쥬바는 아기 침팬지 루루가 노는 모습을 뚫어지게 쳐다보았다. 잎사귀에 매달린 루루는 시계추처럼 포물선을 그리며 사방을 날아다녔다.

휘리릭, 쿵.

어디선가 침팬지의 몇 배는 될 듯한 긴 막대기가 바람에 날아왔다. 덩달아 새하얀 침대보도 하늘을 날아다녔다.

"앗, 날아가지 않게 빨래를 붙잡아."
아이들이 일어나 아우성쳤다. 그때 갑자기 **슝—** 하고 거짓말처럼 긴 막대기가 들어 올려졌다. 쥬바였다. 쥬바는 막대기를 들고 시험 삼아 몇 번 휘둘렀다. **붕붕—** 공기를 가르는 날카로운 소리가 들렸다.

모든 일이 순식간에 일어났다. 쥬바는 막대기 끝을 쥐고는 몇 걸음 걷더니 그대로 허공으로 날아올랐다.

"와, 장대높이뛰기 선수 같아. 멋지다, 쥬바."

"침팬지는 도구를 정말 잘 쓰는구나."

호야의 말이 끝나기도 전에, 쥬바는 순식간에 울타리를 넘어 보호소 밖으로 달아나 버렸다.

끼야호오오!

5. 사라진 마을

아이들은 어안이 벙벙한 채로 서 있었다. 눈앞에서 벌어진 일을 보고도 믿을 수가 없었다.

"방금 날아간 거, 쥬바 맞냐?"

"뭐? 쥬바가 장난치는 거 아냐?"

"왜 침팬지가 날고 그러는 거야?"

"어떡해?! 쥬바가 달아났나 봐."

아이들은 뒤늦게 얼굴을 마주 보며 비명을 질렀다.

"다윈박사님, 어떡하죠? 큰일 났어요! 개미박사님과 연결해 주세요."

"안 돼, 우리 엄청 혼날 거야. 얼른 가서 데려오자."

"어디로 간 줄 알고?"

"박사님이 보호소 밖은 함부로 나가지 말랬잖아."

정말이지 큰일이었다. 보호소 주변은 사방으로 뚫려 있었고, 길이 금세 사라지는 울창한 숲이었다. 사람이 사는 동네는 반나절 이상은 가야 나온다고 했다.

"거 봐라. 내 말도 안 듣고, 너희들 멋대로 행동하더니, 쯧쯧쯧."

다원박사님은 이때다 싶었는지 와다다 잔소리를 늘어놓았다. 그러고는 아이들이 말릴 새도 없이 곧바로 개미박사님을 영상으로 불러냈다.

"뭐? 쥬바가 달아났다고?"

개미박사님은 대체 어디서 뭘 하고 있던 건지 감이 잡히지 않았다. 박사님 뒤로는 온갖 무시무시한 울부짖음이 들리고, 갑자기 영상 속으로 기린이 불쑥 얼굴을 들이밀었다.

"그런데 쥬바가 그 높은 담벼락을 어떻게 넘은 거냐?"

영상 속의 개미박사님은 하이에나 떼에 쫓기고, 흙탕물을 뒤집어 쓰면서도 궁금한 표정이었다.

"만약 사실이라면, 정말이지 놀라운 사건이로구먼."

박사님은 아이들을 꾸짖기는커녕, 쥬바가 막대기를 창조적으로 사용해서 담장을 넘었다는 사실에 무척 흥분하시는 것 같았다. 정말이지 못 말리는 박사님이다.

"흠, 그럼 쥬바의 기록을 한번 뒤져 보자. 녀석의 과거를 알면, 어디로 갔을지 단서가 나올 수도 있으니…. 쥬바는 한 살 때 사냥꾼들에 의해 엄마를 잃고 고아가 됐구나. 그러곤 바로

애완용 침팬지로 팔렸고…, 그 집에는 동갑내기 여자아이가 있어서 둘은 같이 자랐어."

"아니, 그건 이미 아는 거고, 내가 찾겠네. 삐리리삐… 뭔가 단서가 될 만한 정보를 찾아야 해. 흠, 여기 있군."

답답하다는 듯 다윈박사님이 끼어들었다.

"쥬바, 특이 사항 '무리에 어울리지 못하고 소란을 피움. 침팬지와 소통에 어려움을 겪음. 사람을 무척 좋아함. 보호소에 도착하고 나서 일주일간은 아무것도 먹지 않고 울기만 함. 지능이 뛰어남. 침팬지로서 사회화는 더딘 편. 또래의 인간 아이를 좋아해서 갑자기 다가와 울부짖거나 만지려고 해서 놀라게 함. 저녁에 우리 속에 집어넣으려 할 때마다 탈출함'이라고 적혀 있구만."

"탈출했다니, 어디로요?"

"보호소 주변엔 울타리가 쳐져 있어서 벗어나지는 못했다는구나. 밤새 돌아다니다가 숲에서 자곤 했던 모양이야."

아이들은 나무 위 쥬바의 방을 떠올렸다. 그래서 가슴이 더 아팠다. 쥬바의 지난 기록을 뒤지던 개미박사님은 마침내 뭔가를 찾아냈다.

"쥬바가 어디에 있을지 알 것 같다. 너희들, 내가 보낸 위치로 찾아올 수 있겠니? 거기서 만나자."

지도 보는 걸 좋아하는 호야와 길 찾기에 타고난 감각이 있는 미리, 그리고 인공지능 다윈박사님만 믿고 아이들은 개미박사님이 알려 준 위치로 출발했다.

"그래도 개미박사님이 우릴 위해 나름의 준비를 해 뒀다는 게 감동이야."

걸어서는 반나절, 이동 수단에 따라서는 금세 갈 수도 있을 거리였다. 마치 이럴 때를 예상하기라도 한 것처럼, 개미박사님은 아이들의 숙소 뒤편에 풍선거미 한 대를 남겨 놓았다.

"지도에는 아무 표시도 없어. 황무지야. 숲도 아니고, 마을도 아니고."

"여기 쥬바가 있는 게 정말 확실할까?"

풍선거미는 거친 길을 자유자재로 기어갔다. 길이 좁아지면 순식간에 풍선을 줄여 통과할 수 있었다. 가파른 절벽도 거침없이 오르고 내려갔다. 다윈박사님은 보호소의 지정 구역을 벗어나면서부터 붉은색으로 변했다.

"다윈박사님, 무서우니까 눈 좀 부라리지 마세요."

아이들이 투덜댔다. 다윈박사님은 결연한 목소리로 말했다.
"아프리카에서 침팬지들이 왜 위태로운지 아니? 사람들이 위태롭기 때문이야. 전쟁과 굶주림, 가난, 여러 문제가 너무 복잡하게 얽혀 있어서 그 여파가 숲의 동물들에게까지 이어진단다. **삐리리리삐이이이익~**."

다윈박사님이 쉴 새 없이 말하는 중간중간 경고음이 울렸다.
"조심! 이곳은 얼마 전까지 위험 구역이었어. 전쟁이 일어나서 많은 사람들이 죽고 다쳤어."

지도 위에는 아무 표시도 없었지만, 아이들이 도착한 곳은 폐허가 된 작은 마을이었다. 집들은 대부분 불에 타서 반쯤 허물어져 있었다.

"예전엔 사람들이 많이 살았었나 봐."

꽤 큰 마을이었다. 마을 광장에는 커다란 우물이 있었다. 지붕이 날아가 버린 우물은 철판으로 덮여 있었다.

주의. 독에 오염되었음. 사용 금지.

"대체 이 마을에 무슨 일이 일어난 거지?"

호야는 디디고 선 둥근 돌을 내려다보며 중얼거렸다.

"호야, 네가 밟고 있는 게 혹시…"

미리가 눈을 반짝이며 말했다. 호야가 디디곤 선 건, 평평한 돌이 아니라 잘려 나간 나무 밑동이었다.

"여기 엄청나게 커다란 나무가 있었나 봐. 우물 옆에."

아이들 넷이 모두 올라서고도 남았으니, 나무의 크기가 감히 그려지지 않을 정도였다. 우물 근처니까 물이 많은 곳이었을 테고, 덕분에 나무도 무럭무럭 자랐을 것이다. 어쩌면 마을을 지켜 주는 나무였을지 모른다. 그 나무 덕분에 사람들이 모여들고, 한낮이면 시원한 그늘을 찾아와 쉬었을 것이다.

"어떻게 하루아침에 아무도 살지 않는 마을이 될 수 있는 거야?"

"무슨 일이 벌어졌길래? 개미박사님은 왜 이곳에 쥬바가 있을 거라고 생각하신 거지?"

마을에 사람이 살지 않게 된 지는 그리 오래되지 않은 것 같았다. 짝을 잃은 신발과 냄비, 부서진 그릇, 인형 같은 것들이 여기저기 굴러다녔다.

"뭔가 단서가 될 만한 게 없나 잘 살펴봐. 쥬바가 왔다 갔을 수도 있으니까."

그러나 어디에도 살아 있는 동물의 흔적은 없었다. 분명히 사람들로 북적였을 동네인데도, 개도, 고양이도, 닭도, 쥐도,

새도 모두 사라져 버린 곳이었다.

"여기, 새로 찍힌 발자국이 있어요."

아라가 먼지투성이 집에서 발자국을 발견하고는 소리쳤다.

"오, 이건 침팬지 발자국이야. 엄지발가락을 봐!"

"맞아, 저건 쥬바 발자국이 틀림없어."

호야가 발자국 사이에 난 특이한 자국 위에 제 주먹을 쥐어 갖다 댔다. 아이들은 두리번거리며 쥬바의 발자국이 이어진 곳을 찾기 시작했다. 발자국은 어지럽게 찍혀 있다가, 마침내 뒤편 언덕으로 이어졌다.

"저기 언덕 위에 빈집이 있어요."

마을과 좀 떨어진 곳에 나지막한 언덕이 있었고, 그 언덕은 황량한 벌판으로 이어졌다. 나지막한 언덕까지 걸어가는 데는 10분 정도 걸렸다.

"다윈박사님, 혹시 이곳 지도를 삼차원으로 보여 줄 수 있어요?"

다윈박사님은 호야의 말이 끝나기도 전에 지도를 띄웠다.

"지도 말고, 로드 뷰로요. 실제 풍경 위에 입혀 주세요. 그리고 그 영상을 한 달 단위로 되감아 주세요."

"아, 여기가 원래 어떤 모습이었는지 알 수 있게?"

와니가 말했다. 시간을 과거로 돌리자 풍경은 전혀 다른 모습으로 변했다.

"황무지가 아니라 울창한 숲이었구나. 저 끝 지평선까지."

"저 언덕 위에는 예쁜 하얀 집이 있었어."

"예쁜 집 옆에 외양간, 작은 정원이랑 텃밭도 있어."

"타이어 그네에서 쥬바가 아이들과 함께 놀았을 것 같아."

아이들은 영상 속 평화로운 집과 놀이터, 울창한 숲을 보자 이상한 기분이 들었다. 지금은 죄다 사라지고 아무것도 없다는 게.

"얘들아, 외양간 옆에 이런 게 있더라."

와니는 흙더미에 묻힌 원숭이 인형을 발견했다. 낡은 양말로 비뚤비뚤 엉성하게 만든 인형이었다. 눈알 대신 귀여운 단추가 붙어 있었다.

"원숭이가 아니라 침팬지야. 꼬리가 없잖아."

침팬지 얼굴이 어딘가 쥬바와 닮은 것도 같았다.

"놀이터에는 고무공도 있고, 타이어 그네도 있어."

아이들은 폐허 속에서 과거의 조각들을 찾아냈다.

"여기가 쥬바가 살던 집이 맞나 봐."

아라는 허물어지지 않고 용케 남아 있는 벽 앞에서 말했다.

"개미박사님이 쥬바의 과거 기록에서 뭔가를 발견하신 게 틀림없어."

"오랫동안 여기저기 떠돌았는데, 결국 쥬바는 자기가 살던 동네에서 멀지 않은 보호소로 오게 된 거야."

"매일 익숙한 산과 숲을 내려다보면서 얼마나 집에 가 보고 싶었을까?"

쥬바가 늘 큰 나무 위에 올라가 오랫동안 혼자 시간을 보내곤 했던 이유를 알 것 같았다.

지평선 너머로 해가 지고 있었다. 마지막 햇살이 벽을 비추자, 누렇게 빛바랜 사진과 그림들이 보였다. 온통 침팬지를 그린 그림들이었다. 비뚤비뚤 아이의 그림이 점점 어른스럽게 변해 가는 과정도 어쩐지 슬펐다. 그리고 사진이 있었다. 소녀는 쥬바와 얼굴을 맞대고 활짝 웃고 있었다. 둘은 같은 옷을 입고, 이빨을 드러낸 채 우스꽝스러운 표정을 짓고 있었다.

"우리가 생각했던 거랑은 다르게, 이 사람들은 쥬바를 무척 사랑했던 것 같아."

"그렇다면 왜 버린 거야?"

"어쩌면 버린 게 아닐지도 몰라."

"쥬바를 보낼 수밖에 없던 걸지도 모르지."

"그나저나 쥬바는 대체 어디로 간 거야?"

지평선으로 넘어가는 태양이 마지막으로 새빨갛게 황무지를 물들였다. 신기하게도 불타거나 잘리지 않은 나무가 딱 한 그루 남아 있었다. 잎사귀가 하나도 없이 가지만 앙상했다.

쥬바는 그 나무 위에 앉아 있었다. 아이들이 다가온 것도 모른 채 텅 빈 황무지를 쳐다보고 있었다. 그곳에는 더 이상 아무 것도 남아 있지 않은데 말이다.

"쥬바, 뭘 보고 있니?"

미리가 다정하게 말을 걸었다. 그러나 쥬바는 돌아보지 않았다. 그때, 와니가 입술을 오므리고 작게 팬트후트 소리를 냈다.

"쥬바, 뭘 하고 있어?"

그제서야 쥬바는 천천히 아이들을 돌아보았다. 쥬바는 두 팔로 머리통을 감싼 채 물었다.

내가 사랑한 것들, 우리 집, 우리 가족, 우리 마을…
다 어디로 갔어?

6.
쥬바의 선택

그때, 개미박사님이 제비와 강치를 데리고 도착했다. 개미박사님은 늘 가장 중요한 순간에 딱 맞춰서 나타나는 버릇이 있었다. 그 타이밍만으로도 이야기의 주인공이 되곤 했다.

"박사님! 쥬바 저기 있어요."

아이들은 개미박사님이 쥬바를 어떻게 데리고 올지 궁금했다. 개미박사님은 대답 대신 아이들에게 모두 가만히 앉으라고 손짓했다.

"여기는 쥬바가 살았던 집이 맞아. 하지만 쥬바네 가족의 기록을 찾을 수 없어서, 이리저리 수소문했지."

개미박사님은 그동안 알아낸 정보를 틈틈이 다윈박사님에게 업데이트해 두었다. 다윈박사님은 조각난 자료와 인터뷰, 사진과 영상을 모아 요약을 시작했다.

"이곳에서는 30년간 크고 작은 전쟁이 끊이질 않았지. 정부를 쓰러뜨리고 새로운 정부를 세우면, 다시 그들에 반대하는 사람들이 나타나 싸웠어. 서로 싸우고 죽이다가, 결국에는 아름다운 이 작은 마을도 위험해졌어."

"우물이 독에 오염되었다던데요?"

"나무는 모두 베어지고, 숲도 황폐해졌어요."

"맞아. 총을 든 군인들이 마을에 불을 지르고, 숲이며 지하수도 오염시켰어."

"설마 마을 사람들이 모두 죽은 건 아니죠?"

"다행히 전쟁이 벌어지기 직전, 정부에서 마을 사람들을 강제로 이주시켰단다. 이곳도 안전하지 않다고 여긴 거지."

"너무나 급박했기 때문에 사람들은 아무것도 챙기지 못하고 쫓겨나듯 떠났어."

아이들은 갑자기 안전한 곳으로 피신해야 한다면, 자신들은 뭘 가져갈 수 있을지 상상해 보았다. 가장 소중한 게 뭘까?

"핸드폰? 게임기?"

"모르겠어. 중요한 건 내 컴퓨터 안에 다 있는 거 같은데?"

"전기나 인터넷이 안 되면 컴퓨터가 무슨 소용이야?"

"너 개미 사육장은 어떡할래?"

"고양이 로로와 까치 핀, 구복이는?"

호야와 와니는 진지하게 토론 중이었다.

"쥬바의 가족은 어떻게 되었나요?"

"제발, 쥬바가 다시 가족을 만날 수 있길요."

미리와 아라가 간절한 목소리로 속삭였다.

개미박사님은 말없이 품속에서 무언가를 꺼냈다. 작은 곰 인형 비슷했다. 커피콩 자루에 속을 채워 넣은 인형이었는데, 비뚤비뚤 못생겼지만 어쩐지 정이 가는 얼굴을 하고 있었다.

"쥬바, 네 친구 '부부'를 데려왔단다."

개미박사님은 쥬바에게 가져온 인형을 보여 주었다. 인형을 본 쥬바는 나무에서 뛰어 내려왔다. 헤어진 가족을 만난 것처럼 반가운 몸짓이었다.

부부, 부부가 왔구나. 내 친구.

쥬바는 마침내 경계심을 풀고 개미박사님에게 다가왔다. 그러고는 소중하게 인형을 안아 들었다. 부부의 냄새를 조심스레 맡더니, 흥분한 듯 거칠게 잡아당기고, 쥐고, 흔들어 댔다. 격한 반가움의 표현이었다. 그러고는 물었다.

꼬마 부부야, 반갑다. 큰 부부는 어딨어?

개미박사님은 대답 대신 쥬바를 부드럽게 쓰다듬었다.

"큰 부부는 못 왔어. 그렇지만, 잘 있다고 전해 달래."

쥬바는 무척 실망한 표정이었다. 부부를 던져 버리곤 화를 내다가, 곧 다시 부부를 껴안고 슬픔에 빠졌다.

"큰 부부, 꼬마 부부가 뭐예요?"

"부부는 쥬바랑 가장 친했던 여자아이 별명이야. 부부는 쥬바 인형을 만들었고, 쥬바는 부부 인형을 만들었지."

아이들이 폐허에서 발견했던 침팬지 인형은 쥬바와 함께 살던 여자아이가 만든 것이었다. 그리고 쥬바는 제가 사랑하는 여자아이를 닮은 인형 '부부'를 만들었다.

"그러니까 이게 침팬지가 만든 사람 인형이라고요?"

"박사님, 쥬바를 가족들에게 데려다주면 안 될까요?"

개미박사님은 쥬바와 이마를 맞대고 가만히 이야기했다.

"쥬바, 더 이상 옛날 집은 없어. 가족들은 떠났단다. 거긴 아주 멀고 험해서 쥬바는 갈 수 없어."

쥬바의 가족은 난민촌에 머물고 있다고 했다. 여기서 가려면 3일이나 걸리는 먼 곳이었고, 성체가 된 침팬지가 함께 머문다는 건 상상도 할 수 없는 곳이었다.

"쥬바, 마을 사람들이 많이 죽었어. 그렇지만 쥬바네 가족은 무사해. 살아 있어. 그러니까 슬퍼하지 않아도 된다."

"죽지 않고, 살아 있다고. 얼마나 다행이니?"

"그러니까 돌아가자, 쥬바."

이제 쥬바의 집은 없어? 쥬바는 누구랑 살지?

"모든 게 변했어. 쥬바는 이제 새로운 삶을 받아들여야 해."

쥬바는 한 손에 부부 인형을 안고, 한동안 제자리에 얼어붙은 듯 가만히 서 있었다. 아이들은 누가 시킨 것도 아닌데, 쥬바에게 천천히 다가가 에워쌌다. 쥬바를 가운데 두고, 꼭 보이지 않는 나무를 감싸듯이 서로 손을 맞잡았다.

"쥬바의 새로운 가족이 될 침팬지 친구들이 있어. 새로운 침팬지 가족들이 살아갈 작지만 아름다운 숲을 꼭 찾아 주마."

개미박사님이 말했다. 쥬바는 부부 인형을 든 채 엉거주춤 허물어진 벽 앞에 서 있었다. 쥬바 머릿속에서 얼마나 많은 생각이 오가고 있는지 느껴졌다.

샤샤샤삭, 쉬이잉, 철컥!

구복이보드가 쥬바 앞에 나섰다. 구복이는 아프리카에 도착한 뒤로 눈에 띄게 활력이 넘치고 건강해졌다. 고향 땅에 와서 신선한 야생 풀을 먹으니 힘이 솟는 모양이다. 쥬바는 구복이를 한참 쳐다보았다. 그 순간, 구복이가 놀라울 정도로 느리게 말했다.

새집으로 가자, 쥬바.

쥬바는 두 손으로 구복이의 머리를 맞잡고 한참을 가만히 있었다. 그들이 침팬지건 거북이건 그건 중요하지 않다. 동물들은 서로의 영혼을 꿰뚫어 볼 줄 알았다. 그래서 이야기를 나눌 수 있다.

사실은 내 고향도 아프리카야. 지금은 탐사선을 타고 날아다니고 있지. 매일 상추 먹고 침대에서 자고 솔로 목욕도 해. 이렇게 사는 것도 괜찮아.

쥬바는 아이들에게는 들리지 않는 작은 소리로 구복이에게 뭐라고 속삭였다. 구복이는 몹시 놀란 듯 등껍질을 부르르 떨며 네 발을 쭉 폈다. 느릿느릿한 구복이로서는 아주 큰 흥분과 놀라움의 표현이었다.

다들 풍선거미에 탄 채 조용히 쥬바의 선택을 기다렸다.

"갑자기 쥬바가 달아나 버리기라도 하면 어쩌죠?"

"그것도 쥬바의 선택이야. 물론 우리는 또 쥬바를 쫓아가느라 골치 아프겠지."

"쥬바를 침팬지들이 사는 숲에 풀어 줄 수는 없나요?"

"쥬바는 평범한 침팬지들과는 달라. 침팬지로서 배워야 할 것들을 배우지 못한 채 갑자기 보호소로 오게 되었잖니."

"그렇지만 쥬바는 똑똑한걸요? 제가 본 어떤 침팬지보다 똑똑해요."

"그건 인간의 기준일 뿐이란다. 쥬바는 숲에서 어떤 열매를 먹어야 하고, 어떤 열매는 먹으면 안 되는지, 동료 침팬지들과는 어떻게 친해져야 하는지, 배운 적이 없어. 하지만, 너희 말대로 쥬바는 똑똑하니까 금세 배울 수 있을 거야."

이제 여기 부부는 없어. 나는 이제 여기에 오지 않을 거야.

쥬바는 부부 인형을 나무 둥치에 기대어 놓았다. 그러고는 구슬픈 울음소리를 내고는 돌아섰다. 사랑했던 모든 것들을 뒤로하고, 천천히 걸어왔다. 구복이도 뒤를 따랐다. 구복이는 위풍당당 자신감 넘치는 표정이었다.

아이들이 손을 내밀었다. 그러자 쥬바가 아이들의 손을 잡았다. 아이들은 힘껏 쥬바를 당겨 태워 주려고 했지만, 쥬바는 아이들 손을 부드럽게 스치는가 싶더니, 그대로 풍선거미 위로 가볍게 올라탔다.

답답한 방은 싫어. 바람을 맞으며 갈게.

"으아, 비좁다고요! 야, 밀지 마!"

"박사님, 숨을 못 쉬겠어요. 너무 좁다고요."

멍멍, 왈왈왈, 낑낑! 깟깟깟!

풍선거미 안은 개미박사님과 제비와 강치, 푸드덕푸드덕 못마땅해하는 핀, 구복이, 와니와 호야, 미리, 아라까지 꽉 찼다.

"거기, 빨간 버튼을 당겨 봐. 그럼 좌석이 조금 넓어질 거다… 아아아악!"

개미박사님이 와니 옆의 빨간 버튼을 가리켰다. 와니가 버튼을 힘껏 당긴 순간, 풍선거미는 마치 풍선에서 바람이 빠지듯이 흉하게 쭈그러들기 시작했다.

으아아아아아악~! 깟깟! 멍멍! 쉭쉭! 후후후후!

인간들과 동물들이 흐물흐물 바람 빠진 거미 배 속에서 아우성쳤다. 쥬바는 앉아 있던 자리가 갑자기 흐물흐물해지자, 깜짝 놀라 펄쩍 뛰어올랐다.

"앗, 아니다. 파란 버튼이었던가? 그걸 당겨 봐. 빨리!"

개미박사님은 찌그러들면서도 큭큭대며 웃었다. 다행히도 풍선거미는 천천히 펼쳐지기 시작했다.

"제발 설명서 좀 미리 읽으시면 안 될까요, 박사님?"

해가 진 뒤라 풍선거미는 환하게 불을 밝히고 초원 위를 빠르게 기어갔다. 사방에서 새들이 날아들어 유리창에 부딪치나 싶었는데, 자세히 보니 사람 얼굴만 한 나방들이었다! 풍선거미 위에 쪼그리고 앉은 쥬바의 그림자가 마치 생각에 잠긴 철학자처럼 보였다.

"쥬바가 저기 저렇게 앉아 있으니까 꼭 길잡이 같지 않아?"

"풍선거미의 수호신 같아. 뱃머리 장식 같기도 하고."

"아까 쥬바가 구복이한테 대체 뭐라고 했을까?"

"그나저나 우리 구복이가 말을 하다니. 느림보 잠꾸러기 구복이가 말을 했어."

아라는 감격에 겨운 목소리로 외쳤고, 미리는 개미박사님께 물었다.

"쥬바에게 한 말이요, 작지만 아름다운 숲을 찾아 주겠다는. 정말인가요?"

"그래. 너희들을 두고 떠났던 비밀 임무가 바로 그거였어."

"그런 곳이 있어요? 밀렵꾼과 덫과 총이 없는 그런 숲이?"

"뜻을 같이하는 사람들이 힘을 합쳐 찾아냈지. 그래서 섬 이름이 **희망**이야. 쥬바도 보호소에서 적응 과정을 마치고 나면, 곧 희망섬으로 보내질 거야."

"쥬바가 새로운 삶을 시작하는 걸 꼭 보고 싶어요."

아이들은 아직 풍선거미 위에 쥬바가 앉아 있는지 확인했다. 쥬바가 또 달아나 버릴까 두려웠다.

"쥬바는 괜찮을 거야. 사랑의 힘은 놀라운 거야."

아이들의 마음을 알아차린 개미박사님이 조용히 말했다.

적응 기간은 오래 걸리지 않았다. 쥬바는 곧 새로운 그룹에 합류했다. 9살에서 17살까지의 침팬지들이 속한 그룹이었다. 사람으로 치면, 막 어른이 되기 시작한 침팬지들이었다. 아이들은 점심 배식을 마치고, 풀밭 위에 앉아 샌드위치를 먹었다.

"쥬바가 떠날 준비가 된 걸 어떻게 알까?"

"그냥 쥬바를 믿고 지켜보는 건가?"

"언제인지는 모르지만, 어쩐지 마음으로 알게 될 것 같아."

아이들은 쥬바와 침팬지 무리가 노는 모습을 지켜보며 수다를 떨었다. 개미박사님은 옆에서 아이들이 쓴 침팬지 관찰 일지를 읽는 중이었다.

"쥬바는 이제 떠날 준비가 된 것 같구나."

어느 날, 불쑥 개미박사님이 말했다.

"네? 정말이에요?"

개미박사님은 말없이 미소 지으며 풀밭 위의 침팬지들을 가리켰다. 쥬바와 마지, 타라, 주주, 키토가 앉아 햇살 아래서 털 고르기를 하고 있었다. 쥬바는 그동안 털 고르기를 하는 침팬지들을 멀뚱멀뚱 바라보기만 할 뿐, 스스로 할 줄은 몰랐다. 그런데 지금 쥬바는 열심히 마지의 털을 고르는 중이었다.

세심하게 마지의 털에 가르마를 내더니, 딱지며 검불을 떼어 냈다. 그러고는 입맛을 다시며 털 속에 숨어 있던 벌레들을 잡아먹었다. 둘 사이에 말은 필요 없었다. 주위는 따스한 햇살과 다정함만이 가득했다.

"내일 새벽에 희망섬으로 침팬지들을 데리고 가자꾸나."

쥬바 관찰 일지

아라

마지와 쥬바가 같이 나무에 올라가서 과일을 따 먹었다.

호야

쥬바와 마지가 나란히 앉아서 30분 동안 털 고르기를 함.

미리

쥬바
꼬마 루루

쥬바가 꼬마 루루를 배에 달고 다닌다.
다른 침팬지들은 귀찮다고 피하는데,
쥬바는 루루를 데리고 잘 놀아 주고
함께 낮잠도 잔다.

와니

쥬바 키토 주주 개미

쥬바가 키토와 주주에게
개미 낚시대를 빌려 주고 다 같이
개미 파티를 했다.

7. 희망섬

 개미박사님과 아이들은 새벽부터 부지런히 서둘렀다. 누구도 졸리다는 불평을 하지 않았다. 어쩐지 아주 특별한 날이 될 것 같았다.

 "침팬지들이 원래 살던 야생의 숲은 아니지만, 희망섬은 적응 기간을 마친 침팬지들이 살기에 안전하고, 안정적인 관찰도 가능하단다."

 "희망섬이란 이름이 특이해요. 누가 지었을까요?"

 "혹시 침팬지 보호소를 만들었다는 그분인가요?"

 "그래, 맞아. 숲이 사라지고, 강물에 독을 풀고, 침팬지들을 죽이고, 사람들은 고향을 떠났어. 대부분은 우리 앞에는 이제 깜깜한 절망뿐, 할 수 있는 게 없다며 울었어."

"너무 화나고, 슬퍼요. 이 세상에서 침팬지들이 영영 사라지면 어떡해요?"

"이대로 간다면 미래에는 완전히 자취를 감추겠지. 황제펭귄도, 돌고래도. 그렇지만 미래의 시간이 누구 손에 달려 있는지 아니?"

아이들은 황제펭귄과 돌고래 그리고 침팬지가 사는 얼음 땅과 바다, 숲을 생각했다. 그리고 텅 빈 황무지와 사막을 상상해 보았다.

"지금 우리가 미래를 만드는 거야. 너와 나의 작은 선택이 모이면, 그때는 우리가 미래를 바꿀 수 있는 거야."

"우리가 뭘 어떻게 해야 해요?"

"우리 인간은 놀라운 일을 해낼 수 있는 존재란다. 가장 작은 것들이 모이고 또 모이면, 거대한 변화를 만들어 낼 수 있어. 세상에는 무지하고 잔인한 사람들도 있지만, 사랑과 동정심이 넘치는 사람들도 있지. 그래서 희망이 소중한 거야. 침팬지를 구하고, 보호소를 만들고, 이 섬에 '희망'이라는 이름을 붙인 그 사람은 아마 그 이야기를 하고 싶었을 거야."

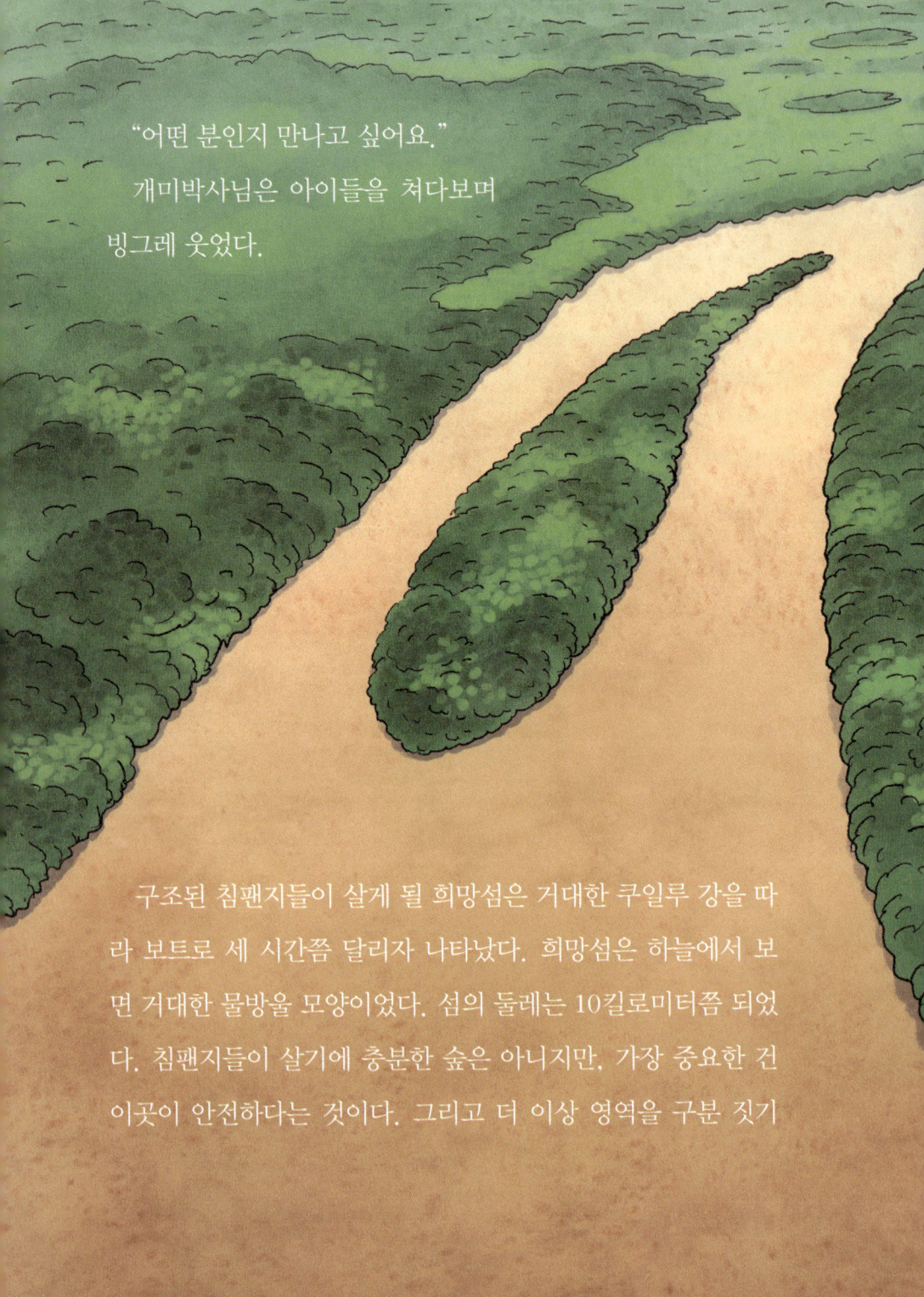

"어떤 분인지 만나고 싶어요."
개미박사님은 아이들을 쳐다보며 빙그레 웃었다.

구조된 침팬지들이 살게 될 희망섬은 거대한 쿠일루 강을 따라 보트로 세 시간쯤 달리자 나타났다. 희망섬은 하늘에서 보면 거대한 물방울 모양이었다. 섬의 둘레는 10킬로미터쯤 되었다. 침팬지들이 살기에 충분한 숲은 아니지만, 가장 중요한 건 이곳이 안전하다는 것이다. 그리고 더 이상 영역을 구분 짓기 위한 철조망은 없었다. 자연 그대로의 굽이굽이 아름다운 강줄기가 침팬지들의 새로운 담장이었다. 보트에는 마지와 쥬바의 이동장이 실려 있었다.

"마지는 많이 무서운가 봐요."

침팬지들이 괜찮은지 살피던 미리가 걱정스럽게 말했다. 마지는 이동장 구석에 몸을 웅크리고 있었다. 쥬바는 마지를 위로라도 하듯 철망 사이로 손가락을 내밀어 마지의 털을 부드럽게 잡았다.

괜찮아. 우리는 새로운 집에 가는 거야. 그러니 무서워하지 마.

섬에 내린 뒤, 다시 풍선거미를 타고 한참 이동했다. 희망섬에는 보호소에서 치료를 받은 뒤 풀려난 침팬지들이 자리 잡고 있었다. 새로운 침팬지들을 숲에 풀어 주면 자연스럽게 서로 익숙해질 것이다.

"희망섬에 사는 침팬지 중에서 대장이 누군지 아니?"

개미박사님은 이제 능숙하게 풍선거미를 운전했다.

"제일 힘세고 용감한 침팬지겠죠?"

"아냐. '아샤'라는 할머니 침팬지란다. 정확한 나이는 몰라. 거의 50살쯤 되었을 거야. 사람으로 치면 100살 정도야."

"에이, 거짓말. 할머니가 어떻게 대장을 해요?"

"아샤라는 할머니 침팬지는 뭐가 특별한데요?"

"아샤는 평생 동물원에 갇혀 살았단다. 사육사들도 뿔뿔이

흩어지고, 먹이를 주는 사람도 없었지. 동물원 환경이 너무 처참해서 다들 아샤가 죽은 줄로 알았대."

"동물을 괴롭히고 학대하는 사람들은 정말 끔찍해요."

"아샤를 학대한 것도 사람이지만, 아샤를 살린 것도 사람이거든."

"어떻게 살렸어요?"

"가장 필요한 걸 주었지. 아껴 주고, 돌봐 주고, 사랑해 줬지."

아이들은 아샤 할머니를 머릿속에 그려 보았다. 죽음 직전까지 내몰렸다가, 사랑으로 다시 살아난 할머니 침팬지라니.

"원래 침팬지 사회에서는 가장 힘세고 야심 많고 똑똑한 수컷이 대장이 되거든. 그런데 희망섬에서는 아샤 할머니가 대장이란다. 마침 저기 나와 있구나."

개미박사님이 나무 그림자 사이에 옹기종기 모여 있는 침팬지 무리를 가리켰다. 침팬지들은 풀밭 위에 누워 과일을 먹거나 서로의 털을 골라 주고 있었다.

"침팬지들은 다음에 먹을 과일을 어디다 두는지 알아?"

미리가 큭큭대며 수수께끼 비슷한 걸 냈다.

"엄지발가락이요!"

아라는 대답 대신 누워서 과일을 먹고 있는 침팬지를 가리켰다. 침팬지는 과즙이 뚝뚝 흘러넘치는 열매를 맛있게 먹고 있었다. 녀석은 친구에게 뺏기기 싫었던지 다음에 먹을 열매를 엄지발가락 사이에 끼워 두었다. 엄지발가락은 철통같이 과일을 꽉 붙들고 놓지 않았다.

그건 세상에서 가장 평화로운 풍경 같았다. 침팬지들은 뒹굴뒹굴, 그저 햇볕을 즐기고 있었다. 그때 구부정한 침팬지 하나가 천천히 다가왔다.

"아샤 할머니란다. 인사하렴."

아샤 할머니를 알아보는 건 어렵지 않았다. 온몸의 털이 새하얗게 바랜 늙은 침팬지였기 때문이다. 머리털도 다 빠지고 얼굴에는 검은 반점이 가득했다. 팔다리도 앙상해서 얼핏 보면 어린 침팬지로 착각할 것 같았다.

　　어서들 오거라. 너희를 기다렸단다.

　아샤 할머니는 손을 내밀며 새 식구들을 맞이했다. 이동장의 문이 열리고, 희망섬의 새로운 일원이 될 마지와 쥬바가 풀려났다.

　　아샤 할머니!

　한동안 어리둥절해 있던 마지는 갑자기 흥분해서 아샤의 품 속으로 뛰어들었다. 아샤 할머니와 마지는 껴안고 입을 맞추었다. 둘은 몹시 반가워하며 서로의 손을 잡고 냄새를 맡고 살갗을 비벼 댔다. 우리가 좋아하는 사람과 만났을 때 하는 행동과 같았다.

"죽음에서 벗어난 아샤는 마지 같은 보호소의 고아 침팬지들을 정성껏 돌봤거든. 고아들을 돌보면서 아샤도 점점 회복되었어. 정말 신기하지?"

"아샤 할머니는 침팬지들 대장이 아니라, 엄마가 된 거네요."

마지가 아샤 할머니와 인사하는 동안, 쥬바는 쭈뼛대며 물러나 있었다.

　잘생긴 아이야, 네 이름은 뭐니? 너도 이리 오렴.

　아샤 할머니가 쥬바에게 손짓했다. 아샤의 몸은 쪼그라들었지만, 품 안은 모두를 품을 만큼 넉넉했다.

　안녕하세요? 전 쥬바예요.

　쥬바는 아샤에게 다가가 이마를 맞댔다. 아샤는 쥬바의 등을 두드리며 안아 주었다. 아샤 할머니는 새로 도착한 침팬지들을 데리고 천천히 숲속으로 들어갔다.

　쥬바는 침팬지 무리를 따라가려다 말고, 갑자기 뒤를 돌아보았다. 그러고는 천천히 두 발로 일어섰다. 꼭 마지막 작별 인사를 하려는 것 같았다.

"너 그렇게 숲속에 있으니까 정말 늠름하고 멋져."
미리가 울먹이며 말했다.
숲은 푸르고, 침팬지는 검지.
"그래, 원래 네가 있어야 할 곳에 드디어 돌아온 것 같아."
부부는 잘 지낼 거야. 쥬바도 잘 지낼 거야.
쥬바는 되돌아와 천천히 개미박사님과 아이들을 부드럽게 안아 주었다. 그러고는 이마를 맞대고 한참을 그렇게 가만히 있었다.

네가 보여. 난 네 마음을 알아.

몇 초 되지 않는 찰나의 순간이었지만, 그 순간 인간과 침팬지의 경계는 사라졌다. 인간과 침팬지가 마주 보고 서 있었지만, 서로의 마음을 들여다볼 수 있었다.

고마워. 여기로 데려다줘서.

쥬바는 이렇게 속삭이고 뒤돌아섰다. 쥬바는 천천히 두 발에서 네 발로, 인간 비슷한 그 무언가에서 침팬지로 돌아갔다. 이번에는 뒤돌아보지 않고, 힘껏 내달려 숲속 깊이 사라졌다.

"어쩌다 저 셋이 만나게 됐을까? 너무 많은 사연을 가진 침팬지들이구나."

개미박사님은 침팬지들이 사라진 뒤에도 자리를 뜨지 못했다.

"저 세 사람, 진짜 가족 같아요."

촉촉해진 눈가를 닦으며 미리가 말했다.

"너 지금 침팬지를 '사람'이라고 했어."

호야가 큭큭대며 지적했다.

"당연하지. 침팬지는 절대 '마리'로 셀 수 없어."

아라가 강하게 주장했다.

"너희들, 쥬바가 마지막으로 한 말 들었지?"

개미박사님이 부드럽게 미소 지으며 물었다. 그랬다. 쥬바는 우리에게 고맙다고 말했다. 사람들에게 상처받고 버려졌는데도, 고맙다고 하다니.

"그런데 말이다. 오늘 우리 아무도 침팬지 슈트 안 입었어. 그거 아니?"

개미박사님이 장난스럽게 웃으며 풍선거미에 올라탔다. 맙소사, 우리가 침팬지 슈트도 없이, 쨱쨱이도 없이 지금껏 침팬지들과 대화했단 말인가?

"정말요? 왜 침팬지들 말을 다 알아들었지? 어떻게?"

아이들은 그제야 어리둥절해했다.

"나 아샤 할머니랑 쥬바가 하는 말, 진짜로 다 알아들었는데?"

"이게 어찌 된 일이야?"

아이들은 몹시 궁금했다. 우리가 단체로 꿈이라도 꾸었단 말이야?

"그러고 보니, 전에 우리 구복이 말도 알아듣지 않았냐?"

"맞아. 무슨 마법 같은 일이 벌어졌나 봐."

"구복아, 쥬바가 지난번에 뭐라고 했니? 말해 주면 안 돼?"

아라가 구석에서 풀을 먹고 있는 구복이에게 물었다. 구복이는 쉭쉭대며 길게 목을 빼고 대답했다.

쥬바가 예전에 우리 종족을 본 적이 있대. 쥬바가 가르쳐 줬어. 내 이름을. 내가 누군지 알았어.

"그게 무슨 소리야? 너 아프리카거북이라며?"

서어어어어얼크와아아아아아트아아아아아아.

구복이는 느릿느릿 대답하고는 기쁨에 차서 엉덩이를 씰룩거렸다.

서어어어어얼크와아아아아아트아아아아아아. 내 이름.

아이들은 몇 번이나 입에서 되뇐 끝에 구복이가 뭐라고 했는지 알아냈다. 설카타.

"다윈박사님, 설카타가 뭐예요? 이거 거북의 종이에요?"

아라 5살
구복이 약 2살

아라 10살
구복이 약 7살

아라 20살
구복이 약 17살

다윈박사님은 지식을 뽐낼 기회를 놓치지 않았다.

"설카타거북. 지구상에서 가장 거대한 육지거북이지. 아프리카가시거북이라고도 하는데….".

"뭐뭐뭐라구요? 가장 거대한 육지거북이요?"

"얼마나 커지는데요?"

"거북계의 고질라라고 할 수 있지. 파충류의 특성을 기억하렴. 파충류는 평생 자라난다."

"수… 수명은요? 구복이 몇 살까지 살아요?"

다윈박사님은 모르는 게 없는 인공지능이긴 하지만, 뜻밖의 놀라운 기능이 있었다. 바로 유머 감각이었다.

"아라야, 너는 이제부터 장래 희망에 '할머니'라고 적거라.

아라 60살
구복이 약 57살

아라 100살
구복이 약 97살

아라는 꼭 아이를 낳으렴. 그리고 네 아이한테도 얘기해 주렴. 그 아이도 꼭 사랑스러운 아이를 낳아야 한다고 말이다."

"왜 제 미래를 맘대로 결정하시는 거예요?"

"설카타거북의 평균 수명은 150살이야. 대를 이어 구복이를 키워야 돼."

"헐. 구복아."

와니와 호야가 배를 잡고 낄낄댔다. 그런데 뜻밖에도 아라의 표정은 밝았다.

"이제 목표가 생겼어. 나 150살까지 살기에 도전할 거야."

아라는 씩씩하게 구복이에게 머리를 맞대고 속삭였다.

"구복아, 우리 앞으로 잘해 보자. 언니랑 같이 늙는 거야."

"크크, 너 구복이랑 이제 말도 통하는 사이가 된 거야?"

"아니면, 마음의 소리로 들었니?"

"어쩌면 애초에 우린 말이 통하는 사이일지도 몰라."

"아까 쥬바도 그랬지만, 몸짓이나 눈빛만으로도 그냥 마음이 느껴졌어. 우리는 닮았잖아."

아이들은 마주 보며 소리 없이 웃었다. 말이 없이도 통하는 기분. 서로 같은 생각을 하는 걸 느끼는 건 정말 멋진 일이다.

개미박사님과 아이들은 비글호에 탄 채 하늘을 날고 있었다.

"여기 아프리카에 처음으로 침팬지 보호소를 만들었다는 그분 말이에요. 왜 그랬는지 알 것 같아요."

평화로운 침묵 속에 마침내 미리가 입을 열었다.

"그분은 우리 속에 갇힌 침팬지의 말을 들었을 거예요."

"너희가 숲에서 쥬바의 목소리를 들었던 것처럼?"

"네."

"침팬지가 뭐라고 했을 것 같은데?"

미리는 말하려다 말고, 옆자리에 앉은 친구들과 눈을 맞췄다. 그러자, 나머지 아이들도 입을 모아 한목소리로 말했다.

제발 우리를 구해 줄 수 없나요?

맞아. 나도 들었어. 개미박사님은 마음속으로 대답했다.

"이젠 어디로 가요?"

"너희가 바라던 대로 진짜 아프리카를 보여 주마."

"진짜 아프리카요? 오, 다 함께 〈라이온킹〉이라도 찍는 건가요?"

개미박사님은 와니의 말에 큭큭대며 웃었다.

"다음엔 아프리카 남쪽 칼라하리 사막으로 갈 거야."

"모래뿐인 사막에서 길을 잃으면 어쩌죠?"

"아주 지혜롭고 사려 깊은 길잡이들이 있지. 그들은 한 번 간 길을 잊지 않고, 바람과 모래와 빗방울의 맛도 기억한단다. 그들은 먼저 떠난 할머니를 기억하면서 울기도 하고, 새로 태어난 생명 앞에선 함께 춤을 추기도 해. 우린 사막의 순례자들을 따라가면 돼."

"그 길잡이가 누군데요?"

개미박사님은 대답 대신 빙그레 웃기만 했다. 언제부터인가 호야, 미리, 와니, 아라는 한 가지 생각을 공유할 수 있게 되었다. 마치 돌고래처럼, 개미처럼.

쿵, 쿵, 쿵, 쿵.

그때, 아이들 머릿속에는 뜨거운 사막, 메마른 땅의 모래바람 속에 느릿느릿 줄지어 걷는 순례자의 행렬이 떠올랐다. 이 사막의 길잡이들은 긴 코를 땅에 늘어뜨린 채 커다란 두 귀를 펄럭이며 천천히 행진하는 중이었다.

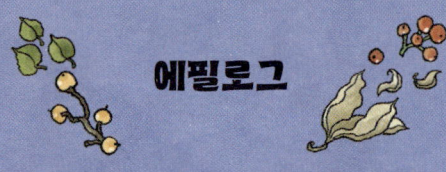

에필로그

    40년 전 모두에게 충격을 주었던 **미래의 목소리**는 여전히 작동하고 있다. 이제는 더 가볍고, 더 작고, 더 빠른 계산 기계들이 만들어졌지만, 그 명성이 빛이 바랜 건 아니다. 달라진 점이 있다면, 옆에 어마어마한 크기의 모래시계가 함께 놓여 있다는 점이었다. 유리병 속에는 황금빛 모래가 가득 담겨 있다. 한참 실눈을 뜨고 자세히 바라봐야만 보일 정도로, 아주 가느다란 모래 줄기가 바닥으로 떨어져 쌓이고 있었다.

    남은 시간 76년 9개월 10일 8시간 8분

그것은 미래의 목소리가 계산해 낸 인류에게 남은 시간이었다. 지구는 끄떡없지만, 인류는 틀림없이 멸종할 거라는 암울한 결말까지 남은 시간.

쏴아아아아아아아아아

보이지 않을 정도로 가느다란 구멍이었지만, 모래 알갱이들은 그 틈으로 끝없이 쏟아져 내렸다. 마지막 모래 알갱이가 다 쏟아져 내리면 어떻게 될까?

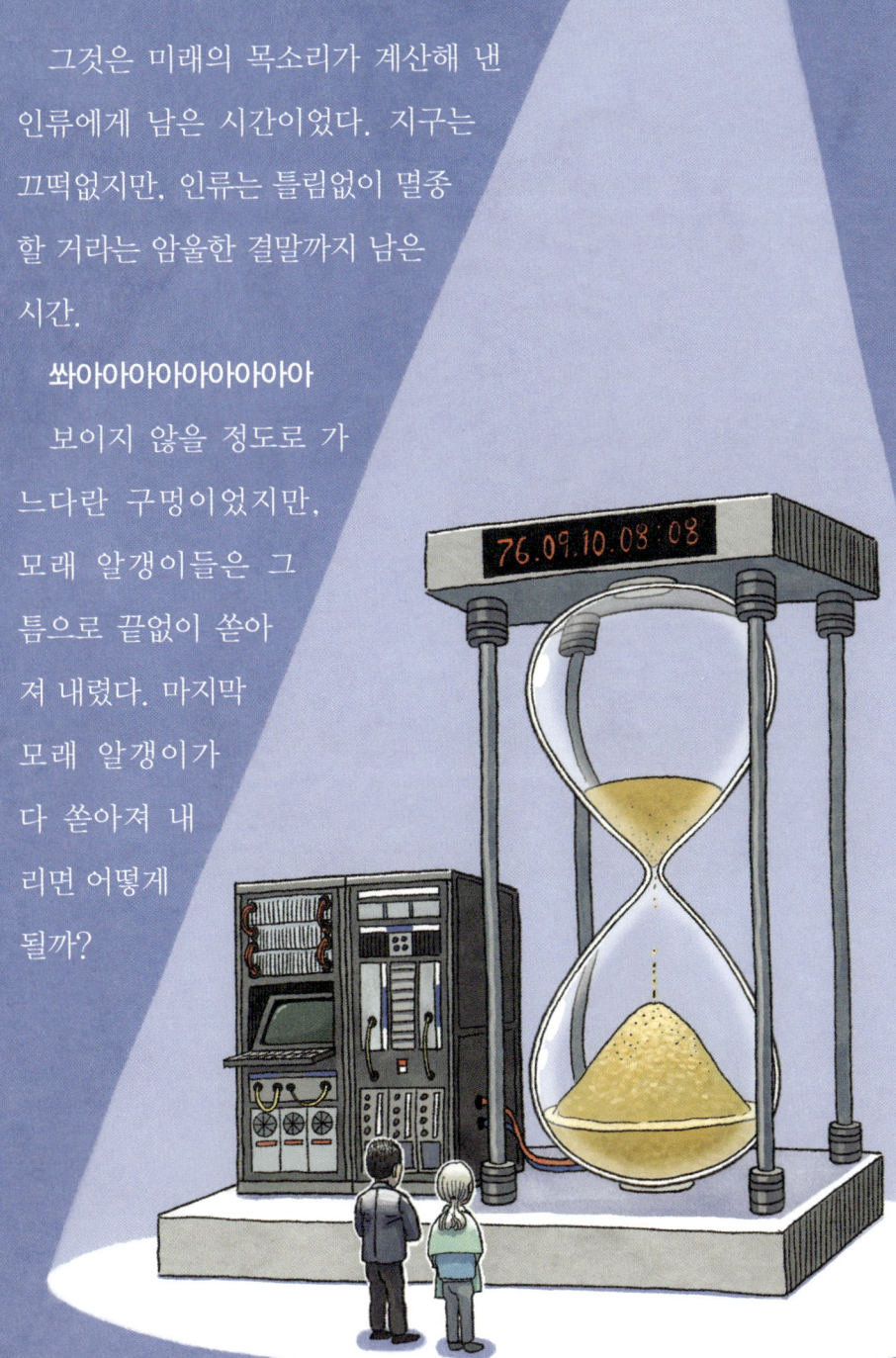

류는 은색 머리칼의 할머니와 함께 거대한 홀의 중앙에 서 있었다. 두 사람의 뒷모습이 꼭 쥬바와 아샤 할머니 같았다.

"가끔은 저 시계가 멈춘 것처럼 느껴질 때가 있어요. 우리에게 희망의 씨앗이 싹트는 순간에요."

"언제였나요? 선생님이 희망의 씨앗을 발견한 순간이?"

갑자기 두 사람의 눈에는 커다란 디지털 숫자가 멈춘 것처럼 보였다. 조용히 떨어지던 모래 알갱이들도 동시에 멈춘 것 같았다. 잘못 본 것일까?

"나는 침팬지 숲을 자유롭게 돌아다니며 그들을 연구했어요. 침팬지들은 내가 다가가도 피하지 않았죠. 나를 '털 없는 흰 원숭이'로 받아들인 거예요. 나는 죽는 날까지 침팬지들을 연구하면서 그렇게 행복하게 살 수 있을 줄 알았어요."

"그래서 아프리카에 처음으로 침팬지 보호소를 만드셨던 거죠?"

"난 침팬지를 사랑했어요. 그런데 사랑하는 침팬지들이 점점 이 지구에서 사라져 가고 있었죠. 그건 너무나 분명한 사실이었어요."

"우리가 이 암울한 미래를 바꿀 수 있다고 믿으시나요?"

"물론이에요. 어느 날 난 쇠창살에 갇혀 죽어 가는 새끼 침팬지를 보았어요. 내가 손을 뻗자, 내 손가락을 쥐었어요. 그 침팬지가 내게 말하더군요. '나를 구해 주실 수 없나요?' 그때 내 마음속에 불꽃이 탁 켜졌어요. 희망의 불씨죠."

"세상 곳곳을 다니면서 느낀 건 우리 인간은 믿을 수 없을 정도로 어리석고 폭력적이라는 점이에요. 세상에 제가 사는 유일한 집인 지구를 파괴하는 동물이 인간 말고 또 있을까요?"

류는 사라져 버린 황제펭귄과 돌고래 떼와 침팬지를 떠올리며 몸을 떨었다.

"그런데 동시에 우리 인간은 믿을 수 없을 정도로 똑똑하고,

사랑으로 가득 찬 놀라운 존재라는 걸 잊으면 안 돼요."

사람들은 그녀를 '침팬지박사'라고 불렀다. 그녀는 아직도 인간에 대한 희망을 버리지 않았다. 류는 자기 앞에 서 있는, 이 나이 든 여인을 바라보았다. 등은 구부정하고 머리는 온통 은빛이었다. 얼굴에는 주름이 가득했다. 평생을 침팬지와 숲을 지키려고 애썼던 젊은 여성은 이제 할머니가 되었다.

"난 그렇게 사랑하던 침팬지의 숲에서 나왔어요. 그러곤 소음으로 가득 찬 세상 속으로 뛰어들었죠. 그 후로 내 마음속 불꽃은 꺼진 적이 없어요."

류는 모래시계와 인자한 할머니의 모습을 한, 위대한 인간의 얼굴을 번갈아 바라보았다. 둘 다 끝에 다다른 것만 같았다. 마음이 급해졌다. 시간이 없다.

"우리는 뭘 해야 해요?"

"씨앗을 찾아요. 씨앗들이 세상에 퍼져서 뿌리와 새싹을 틔우면 미래를 바꿀 수 있어요."

류는 그 순간, 자신의 마음속에도 불꽃이 켜진 것을 느꼈다.

"저 시계를 멈출 방법은 세상에서 더 많은 씨앗을 찾아내는 것뿐입니다. 개미박사님을 비롯한 비밀 요원들에게 희망을 걸어 봐야죠."

개미박사의 생물학 교실

유인원의 종류

☘ 사람도 유인원!

침팬지와 인간은 모두 영장류 사람과에 속하는 유인원이야.

같은 종이라 짹짹이 없이도 말이 통했을까요?

오, 그럼 원숭이랑도 말이 잘 통할까요?

긴팔원숭이는 유인원이지만, 다른 원숭이들은 유인원이 아니야.

유인원과 원숭이를 구분하는 가장 큰 특징은 꼬리야. 유인원들은 꼬리가 없지!

꼬리로 균형을 잡으며 이동하는 원숭이

원숭이의 꼬리는 균형을 잡는 데 도움을 주지. 그런데 유인원의 꼬리는 진화 과정에서 퇴화해서 꼬리뼈로 흔적만 남아 있어.

유인원에는 침팬지, 사람 외에도 오랑우탄, 보노보, 고릴라, 긴팔원숭이 등도 포함돼.

우리는 모두 유인원!

유인원은 상대적으로 지능이 높고, 음성 언어와 몸짓 언어를 체계적으로 사용하지. 반직립이나 직립보행을 해서 앞발을 손처럼 자유롭게 사용할 수 있어서 도구도 잘 사용한단다.

보노보

정말 앞발을 손처럼 사용하네요.

오랑우탄(Pongo)

성격이 온순한 오랑우탄은 주로 인도네시아와 말레이시아 열대 우림에서 살아. 오랑우탄은 말레이어로 '숲의 사람'이라는 뜻이지.

기름 주머니

수컷은 가슴에 기름 주머니가 있는 경우가 있는데, 암컷은 이런 수컷을 더 선호한대.

오랑우탄은 단독 생활을 많이 하는데, 암컷은 8년 넘게 홀로 육아를 하기도 해.

침팬지(Pan troglodytes)

이번 호의 주인공 침팬지는 인간과 유전자, 몸집 등이 가장 비슷한 동물 중 하나야.

침팬지는 넓은 얼굴과 큰 눈으로 다양한 감정을 표현해.

침팬지는 도구를 잘 쓰는 걸로도 유명하지.

보노보(Pan paniscus)

보노보와 침팬지는 생김새가 비슷해. 보노보가 침팬지보다 몸집과 얼굴 크기가 작고, 다리는 더 길어서 직립보행에 더 유리하지.

보노보와 침팬지는 모두 무리 생활을 하는데, 침팬지는 계급적인 부계 사회라면 보노보는 조금 더 민주적인 모계사회야. 보노보가 더 온순한 동물로 알려져 있지.

고릴라(Gorilla)

고릴라는 유인원 중에서 몸집이 가장 커. 키는 사람과 비슷하지만, 몸무게는 150~290킬로그램으로 사람보다 훨씬 무겁지. 큰 덩치에 비해 성격은 신중하고 온순한 편이야.

'고릴라는 스마트폰을 싫어한다'는 말이 있어. 스마트폰을 만들 때 필요한 '콜탄'이라는 광물의 채굴 장소가 고릴라 서식지와 같거든. 콜탄 채취 열풍이 불면서 고릴라 개체 수가 급격히 줄고 있어.

★ 개미박사의 생물학 교실 ★

침팬지의 의사소통

★음성, 표정, 몸짓을 다 사용하지.

침팬지들이 팬트후트로 의사소통을 하는 게 꼭 말하는 것 같고 신기했어요.

침팬지들은 음성, 몸짓, 표정 등 다양한 방법을 동원해서 의사소통을 하지.

침팬지의 표정을 보면 감정을 느낄 수 있어. 인간처럼 침팬지도 표정으로 의사소통을 한단다.

몸짓도 침팬지의 중요한 의사소통 수단이야. 침팬지는 손을 들어 인사를 하기도 하고, 엉덩이를 보여 주며 친근감을 표시하기도 해.

 침팬지는 서로 털을 골라 주면서 상대에 대한 신뢰나 애정을 표현하기도 해.

아! 쥬바랑 마지랑 다 같이 모여서 털 고르기 하는 걸 봤어요!

팬트후트는 침팬지들이 음성을 이용해서 하는 대표적인 의사소통 방법이야. 보통 높은 소리로 시작해서 낮은 소리로 끝나지.

침팬지들은 팬트후트를 통해 동료를 부르거나 인사를 하기도 하고, 자신의 위치를 알리거나 정보를 공유하기도 하지. 우리 목소리가 다 다르듯이 팬트후트도 다 달라서 개체를 구분하는 수단이 되기도 해.

2023년 영국 더럼대 심리학과 재나 클레이 교수 연구팀은 〈동물행동학〉 학술지에 이런 연구 결과를 내놓았어.

"침팬지는 사람과 마찬가지로 나이가 들면서 다양한 표현을 섞어 쓰는 방식으로 발달한다."

인간이 성장하면서 더 많은 의사소통 방법을 익히고 더 능숙하게 소통하는 것처럼 침팬지도 나이가 들수록 복잡한 의사표현을 할 수 있게 학습한다는 거야.

2022년 독일의 '진화인류학 연구소'는 야생 침팬지 울음소리 샘플 5,000개를 수집해서 연구한 후 놀라운 결과를 발표했어.

"침팬지는 12가지 다른 울음소리를 복잡하게 조합해 390개에 달하는 구문을 사용하는 것으로 밝혀졌다."

이런 침팬지의 언어 생활은 인간이 언어를 사용하는 방식과 매우 유사하단다. 그래서 침팬지의 언어를 연구해 보면 인류의 언어가 어떻게 진화했는지 이해하는 데 도움이 될 수 있지.

개미박사의 생물학 교실

침팬지의 무리 생활과 지능

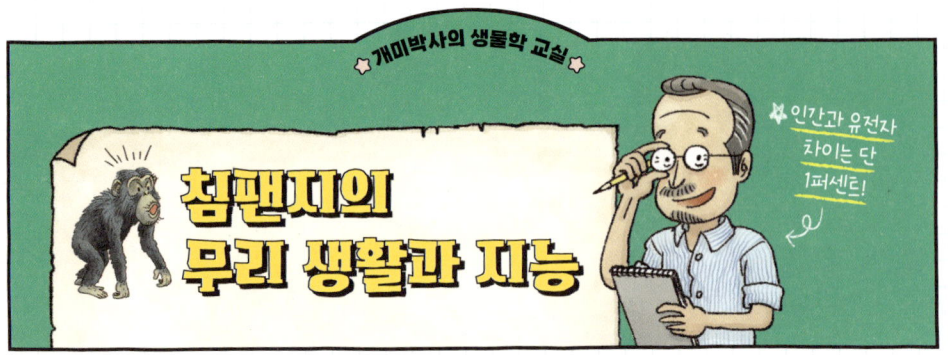

✦ 인간과 유전자 차이는 단 1퍼센트!

침팬지는 20~100마리가 무리를 지어 생활하는 사회적 동물이야. 보통은 우두머리 수컷이 여러 암컷과 새끼들을 거느린단다.

수컷이 우두머리라고요? 희망섬의 우두머리는 아샤 할머니였잖아요?

희망섬은 자연 상태의 집단이 아니라 조금 특별한 경우야. 자연 상태에서는 보통 수컷이 집단을 이끈단다.

이런 우두머리 수컷을 '으뜸 수컷'이라고 부르지. 이 수컷들 사이에 서열은 엄격한 편이야.

서열이 있다고요? 누가 으뜸 수컷인지 우리도 알아볼 수 있나요?

으뜸 수컷은 자신의 우월함을 나타내기 위해 '과시행동'을 해. 만약 어떤 침팬지가 고개를 높이 들거나 가지를 흔들거나 발을 동동 구르는 것처럼 자신 있는 행동을 하고 있다면 으뜸 수컷일 수 있어.

반면에 서열이 낮은 수컷들은 으뜸 수컷에게 복종하고 충성을 표시하는 '승복행동'을 해. 왼쪽 사진에서 누가 으뜸 수컷일까?

침팬지 사회에 서열은 왜 생겼을까요? 평등하고 평화롭게 살 수도 있잖아요.

그건 진화 과정에서 무리의 안전과 번식을 위해 침팬지가 선택한 방법이야.

으뜸 수컷은 무리 내의 갈등 관계를 조정하고, 사냥한 고기를 나누고, 다른 무리로부터 집단을 지키면서 무리 전체가 잘 살 수 있게 리더십을 발휘하는 존재야.

침팬지와 인간은 유전자가 1퍼센트 정도밖에 차이가 나지 않는다고 해. 5~6세 아이와 지능이 비슷하다는 연구 결과도 있단다.

 쥬바가 저보다 똑똑하다고 느껴질 때도 있었어요.

 그럴 수 있어. 사실 지능을 측정하는 방식은 철저하게 인간 중심적이기 때문에 침팬지의 지능을 정확히 알기 어려운 면도 있단다.

침팬지는 다양한 도구를 사용하는 것으로 유명하지. 커다란 잎으로 물을 떠 마시거나, 나뭇가지를 이용해서 벌레를 잡기도 하고, 얼어붙은 물을 돌로 깨트리거나, 열매의 단단한 껍질을 깨는 훌륭한 도구를 만들어서 쓰기도 해.

보통 동물들은 거울 속에 비친 존재를 자신이 아닌 다른 개체라고 생각하고 경계하지. 그런데 침팬지는 그게 자신이라는 걸 알 수 있어.

침팬지는 학습 능력이 뛰어나서 서로 보고 배우기도 해. 그래서 지역에 따라 각기 다른 방식으로 도구를 사용하기도 하지.

침팬지가 이렇게 인간과 비슷하다는 이유로 약물의 효과를 실험하는 대상이 되기도 하고, 우리에 갇혀 구경거리가 되기도 해. 그런데 이들은 우리와 비슷한 지능과 감정을 가진 동물들이야. 누군가 다른 존재가 우리를 그런 식으로 이용한다면 어떨까?

 갑자기 침팬지들에게 사과하고 싶어져요.

침팬지뿐 아니라 거의 모든 유인원이 멸종 위기야. 지금부터라도 지구에서 같이 오래 살 수 있게 노력해 보자!

★ 개미박사의 생물학 교실 ★

인물 탐구
제인 구달

✦ 침팬지들의 어머니

 드디어 재단의 배후에 있는 백발 할머니의 존재에 대해 밝힐 때가 되었구나.

박사님이 비글호에서 종종 오랫동안 심각하게 이야기를 나누던 할머니네요.

 이분이 희망섬도 만드신 거죠?

맞다. 바로 제인 구달 박사님이야.

학자들은 오랫동안 동물의 뼈나 배설물 혹은 실험실에 갇힌 동물들을 주로 연구했어. 침팬지 연구도 마찬가지였지.

반면 제인 구달 박사님은 아프리카 곰비 침팬지 보호 구역에서 직접 연구했어. 야생 침팬지 무리 가까이에 머물며 그들이 살아가는 진짜 모습을 관찰했지.

 야생 침팬지를 연구하는 게 위험하진 않았나요?

아주 천천히 인내심을 가지고 위협적인 존재가 아니라는 걸 이해시키며 다가갔다고 해.

이런 제인 구달 박사의 선구적인 연구 덕분에 침팬지도 인간과 똑같이 사랑하고, 슬퍼하고, 그리워하고, 싸우고, 위로하는 존재라는 것이 세상에 알려졌지.

또 오랫동안 사람들은 오직 인간만이 도구를 사용하는 존재라고 생각했어.

쥬바는 나뭇가지를 이용해 흰개미 먹는 법을 엄청 쉽게 배우던데요?

맞아. 제인 구달 박사님이 밝힌 침팬지의 도구 사용과 복잡한 사회 시스템은 인간의 진화 연구에도 큰 영향을 끼쳤지.

"저는 모든 생명을 귀중히 여기며, 이 세계를 더 살기 좋은 곳으로 만들기 위해 노력하겠습니다."

지금도 제인 구달 박사님은 전 세계를 돌아다니며 동물과 환경을 보호하자고 사람들을 설득하는 강연을 하고 있어.

제인 구달 박사님과 30년 동안 강연회를 함께 다닌 원숭이 인형 '미스터 H'.

제인 구달 박사님이 만든 '뿌리와 새싹'은 동물, 이웃, 환경을 위해 실천하는 전 세계적인 환경 운동 모임이야.

시작은 1991년, 탄자니아의 16명 청소년이었지.

지금은 60여 개 나라에서 수십만 명의 사람들이 지구에 희망을 꽃피우기 위해 노력하고 있단다.

나도 '뿌리와 새싹' 한국 지부의 일을 하며, 제인 구달 박사님과 오랜 인연을 이어가고 있어. 제인 구달 박사님도 타잔을 흠모했다고 책에 써 놓으셔서 재미있었지.

2023년 뿌리와 새싹 한국 지부 행사장의 제인 구달 박사님과 개미박사님.

제인 구달 박사님의 선한 영향력이 지구를 조금 더 좋은 곳으로 바꾸어 가길! 당장 '뿌리와 새싹'을 검색해서 가입해야겠어요!

슈퍼컴퓨터가 정말 인류 멸종 시간을 계산했을까?

15쪽

라틴어 콤푸타레(computare, 계산하다)에서 유래된 '컴퓨터'는 제2차 세계대전에서 암호 해독이나 탄도의 궤적 계산에 사용된 것이 시작이다. 지금은 스마트폰 안으로 들어가 우리 생활과 떼어 놓을 수 없는 기계가 되었다. 과학기술의 발전으로 컴퓨터는 우주 탐사와 같은 더욱 복잡하고 방대한 계산에도 사용되고 있다. 그중 가장 빠른 계산 능력을 갖춘 컴퓨터를 슈퍼컴퓨터라고 부르는데 전 세계 슈퍼컴퓨터의 성능과 순위는 'TOP500' 웹사이트에서 확인할 수 있다. 2024년 5월 1위를 차지하고 있는 슈퍼컴퓨터는 미국 오크리지국립연구소에 설치된

세계 최초의 컴퓨터로 알려졌던 에니악(ENIAC). 무게가 30톤에 이르는 거대 계산기였으며, 실제로 최초의 컴퓨터는 아니었다고 한다.

프런티어(Frontier)라고 한다.

슈퍼컴퓨터는 과학, 공학, 기상 등 다양한 분야에서 이용된다. '미래의 목소리'처럼 2024년 브리스톨대학교 연구진이 슈퍼컴퓨터를 활용한 기후 모델로 지구의 미래 상태를 시뮬레이션한 적이 있다. 그 결과는 사람이 살 수 없는 행성의 모습이었다고 한다.

인류의 생존은 다양한 요인의 영향을 받기 때문에 이를 모두 고려하여 인류의 멸종 시간을 정확하게 예측하는 것은 현재는 불가능하다. 이런 연구의 예측은 현재 기후 모델을 기반으로 한다는 점에서 한계가 있지만 슈퍼컴퓨터의 시뮬레이션은 그만큼 기후 위기 속 인류의 미래가 불확실하다는 것을 의미한다. 또한 우리가 다음 세대를 위해서 지구를 보호하기 위한 시급하고 적극적인 행동이 필요하다는 것을 보여준다.

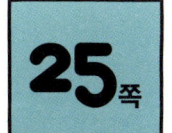

풍선거미처럼 자연을 해치지 않고 숲을 이동할 수 있는 교통수단이 실제로 있을까?

우리나라 전국 어디에서도 쉽게 볼 수 있는 별늑대거미(Pardosa astrigera)는 늑대거미과의 한 종으로 새끼 거미들이 독립할 때 풍선 비행을 한다. 막 태어난 새끼 거미들은 엄마 거미의 등에서 털을 붙잡고 며칠을 지내다가 주변 나뭇가지 위로 올라가 하늘을 향해 거미줄을 뽑아 날리며 공기의 흐름을 타고 날아오른다. 이런 풍선 비행은 멀리 퍼지는 데는 유리하지만, 원하는 곳을 정하고 갈 수는 없다는 단점이 있다. 복잡한 숲에서 별늑대거미처럼 풍선 비행을 하면서도 딱 원하는 곳으로 날아갈 수 있는 교통수단이 발명된다면 멋질 것이다.

자연을 망치지 않고 숲을 이동하려면 숲 위로 날아가는 방법도 생각해 볼 수 있다. UAM(Urban Air Mobility)은 도시와 지역을 연결하는 공중 이동 수단을 의미한다. UAM은 전통적인 지상 교통수단 외에 공중 이동 수단을 이용하여 도시 내부를 효율

별늑대거미

적으로 이동하는 개념인데 미래 도시 교통과 관련하여 새로운 방향을 제시할 수 있는 흥미로운 분야다. 탄소 배출을 최소화하고 안전성 검증과 통신망 구축 등이 진행되면 곧 현실에서 이용할 수 있는 교통수단이 될 수도 있을 것이다.

34쪽 아프리카에는 정말 야생 동물 고기 식당이 있고, 침팬지를 애완동물로 키울까?

아직도 아프리카에는 수상한 식당이 많다. 멧고기(bushmeat)는 '야생 동물 고기'라는 뜻으로 열대우림에서 야생 동물을 사냥해서 얻은 것이다. 2022년 〈아프리카생태학저널〉에 영국 맨체스터대학교 연구팀은 중앙아프리카 콩고민주공화국에서 매일 멧고기 약 1만여 개가 판매되고 있다는 충격적인 결과를 발표했다. 연구에 따르면 사람들이 가장 많이 찾는 멧고기 종은 원숭이 같은 영장류와 붉은다이커영양, 호저, 설치류라고 한다.

연구진은 아프리카의 멧고기 수요 때문에 야생 동물 불법 사냥으로 생태계가 파괴되고 있다고 지적했다. 멧고기 거래와 소비는 전염병 확산과도 관련이 있다. 특히 코로나19와 같이 인수공통감염병 위험성도 높아진다.

침팬지는 유인원 중에서도 크기가 작아서 밀거래 위협이 가장 심각한 종이다. 애완동물용 침팬지 한 마리를 포획하기 위하여 다수의 침팬지가 희생되기도 한다. 어린 침팬지 한 마리를 잡기 위해 침팬지 일가족을 죽이는 경우도 생긴다는 말이다. 야생 침팬지는 IUCN(세계자연보전연맹) 적색목록에 위기(EN)종으로 분류되는 심각한 멸종위기종으로 국제 거래와 개인 사육이 엄격히 금지되어 있다. 침팬지 밀거래 단속을 위해 침팬지 데이터베이스와 SNS 속 침팬지 얼굴을 대조해 같은 점을 찾아내는 AI '침페이스(ChimpFace)'라는 프로그램도 있다. 야생 동물들의 불법 포획과 거래는 반드시 사라져야 한다.

거북이 어릴 때는 종류를 알기 어려울까?

어린 거북은 구복이처럼 종을 구분하기 어렵다. 어린 거북은 성장하면서 몸의 색깔, 패턴, 등껍질 모양, 크기 등이 변하기 때문이다. 어린 거북들은 아직 완전히 자라지 않아서 성숙한 거북들이 나타내는 각각의 종을 구분하는 특징들을 확인하기 어려운 경우가 많이 있다. 거북의 종을 정확하게 구분하기 위해서는 보통 다 성장한 거북의 특징을 보고 판별해야 하는데 거북은 수명이 길기 때문에 성체가 되기까지 많은 시간이 필요하다.

침풍가 침팬지 보호소 같은 곳 말고 희망섬 같은 장소가 왜 필요할까?

우간다에 있는 침풍가(Tchimpounga)는 침팬지 보호소 및 야생 동물 보호 단체(Chimpanzee Sanctuary & Wildlife Conservation Trust)다. 침풍가는 1998년에 침팬지를 대상으로 한 사육 및 연구 시설로 시작된 이후 현재는 야생에서 포획된 침팬지를 구조하고 복원하는 데 중점을 두면서 보호 단체로서 역할을 확대하고 있다.

희망섬은 침팬지와 야생 동물들이 자연 환경에서 자유롭게 활동하고 생활할 수 있는 공간이다. 야생 동물들에게 인간과 접촉을 최소화하고 적절한 환경을 제공하여 자연스러운 행동과 사회적 상호작용을 유지하도록 한다.

침풍가는 야생 동물들의 보호와 그들을 다시 자연으로 돌려보내는 것에 중점을 두고 있으며, 희망섬은 야생 동물들이 자유롭게 활동하고 살아가는 환경을 제공하는 데 초점을 맞추고 있다. 두 곳은 방법과 목표에는 차이가 있지만 모두 자연 보호와 야생 동물 복원을 위해 노력하고 있다.

'야생 동물을 모아 기른다'는 의미에서의 동물원은 역사가 오래되었다. 기원전 3000년 고대 이집트 왕조나 그리스, 메소포타미아, 바빌로니아 등 아주 오래전부터 야생 동물 수집과 사육 흔적을 찾아볼 수 있다. 왕이나 귀족 등 소수 상위 계층의 오락이나 취미를 위한 공간에서 지금처럼 누구나 찾아갈 수 있는 형태를 갖춘 동물원은 근대 동물원의 효시라고 불리는 오스트리아 빈의 쇤브룬 동물원이 처음이다. 1829년 세워진 런던 동물원은 '동물학과 동물생리학을 발전시키고 동물계에서 나타나는 새로운 사실의 소개'를 목적으로 시민의 뜻을 모아 설립되었다. 영국 동물학협회가 운영한 이 동물원 'The Zoological Garden of London'을 줄여서 Zoo라고 부르게 된 것이다. 19세기에는 근대 동물원이 곳곳에서 생겨나며 동물원에 전시될 동물을 구하기 위해 아프리카와 같이 야생 동물이 많이 사는 지역에서는 불법 사냥과 거래가 많아졌다.

다행히 1975년에 '멸종 위기에 처한 야생 동식물종의 국제 거래에 관한 협약(CITES)'이 제정되고, 1992년에 브라질 리

동물의 입장에서 더 행복한 방식이 무엇인지 생각해 봐야 할 것이다.

우데자이네루에 158개국이 모여 생물다양성 보존협약을 맺었다. 5,000여 종의 동물과 2만 8,000여 종의 식물 등 약 3만 3,000종의 생물종이 등재되어 보호받고 있다. 동물원은 다양한 동물들을 관찰하고 공부함으로써 관람객들의 자연과 환경에 대한 이해를 높일 수 있다. 또 동물원에서는 동물 행동을 연구하고 자연 생태계에서 수행하기 어려운 분야나 비교 연구들이 가능하다. 또한 동물원은 멸종 위기에 처한 동물을 보호하고 번식시키는 보전기관의 역할을 하기도 한다. 그러나 동물의 복지와 관련된 윤리적 사항들에 대한 문제와 책임 있는 운영에 대해 지속적인 논란이 있으며 이런 부분에 대한 사회적인 논의가 필요하다.

힘센 수컷 침팬지가 아니라 '아샤'처럼 나이 많은 암컷 침팬지도 무리의 대장이 될 수 있는 걸까?

사회적인 동물인 침팬지 무리에는 대장이 있다. 일반적으로는 힘이 세고 무리를 보호하고 이끌 수 있는 수컷이 대장이 되지만 '아샤 할머니'처럼 암컷도 대장 역할을 수행하기도 한다. 그리고 실제 대장이 아니어도 침팬지 사회를 유지하는 권력은 수컷 침팬지가 아닌 숨은 권력자인 암컷 침팬지들이다. 수컷 우두머리들은 나이가 들고 쇠약해지면 쉽게 젊은 침팬지에게 대장을 뺏기지만, 많은 수컷들의 어머니인 암컷 침팬지는 대장이 되는 수컷 침팬지가 바뀌어도 권력을 누리고 영향력을 행사한다. 침팬지 사회에서 대장의 역할은 성별뿐 아니라 다양한 요인의 영향을 받아 결정된다. 그리고 결국 침팬지 사회를 길게 놓고 보면 가장 나이 많은 암컷 침팬지가 침팬지 사회를 이끌어간다고 할 수도 있다.

최재천

평생 자연을 관찰해 온 생태학자이자 동물행동학자. 서울대학교에서 동물학을 전공하고 미국 펜실베이니아주립대학교에서 생태학 석사학위를, 하버드대학교에서 생물학 박사학위를 받았다. 10여 년간 중남미 열대를 누비며 동물의 생태를 탐구한 뒤, 한국으로 돌아와 자연과학과 인문학의 경계를 넘나들며 생명에 대한 지식과 사랑을 널리 나누고 실천해 왔다.

서울대학교 생명과학부 교수, 환경운동연합 공동대표, 한국생태학회장, 국립생태원 초대원장 등을 지냈다. 현재 이화여자대학교 에코과학부 석좌교수로 재직 중이며 생명다양성재단의 이사장을 맡고 있다. 《개미제국의 발견》, 《생명이 있는 것은 다 아름답다》, 《다윈 지능》, 《열대예찬》, 《최재천의 인간과 동물》, 《과학자의 서재》, 《숲론》 등을 썼다. 2019년 총괄편집장으로서 세계 동물행동학자 500여 명을 이끌고 《동물행동학 백과사전》을 편찬했다. 2020년 유튜브 채널 〈최재천의 아마존〉을 개설해 자연과 인간 생태계에 대한 폭넓은 이야기를 전하고 있다.

황혜영

대학에서 불문학과 영화시나리오를 공부했다. 도서, 만화, 영상, 캐릭터 등 다양한 콘텐츠 분야에서 스토리텔러와 작가로 활동했다. 고양이 넷, 뚱뚱한 닥스훈트 하나, 거북이 둘과 초록이 가득한 곳에서 느긋하게 산다. 지은 책으로 《올빼미 시간탐험대》 시리즈와 《열두 살의 임진왜란》 등이 있고, 번역한 책으로는 《무슈장》, 《만월》, 《국가의 탄생》 등이 있다.

박현미

제주 출생. 대학에서 산업디자인을 전공했다. 오래도록 애니메이션 업계에서 일했다. 극장용 장편애니메이션 〈마당을 나온 암탉〉, 〈언더독〉에서 미술 조감독으로 일했다. 어릴 적 꿈은 화가, 권법소녀, 로빈슨 크루소였고 요즘에는 만화가로 살고 있다. 언젠가는 직접 손으로 오두막집을 짓고 닭을 키우며 살기를 꿈꾸고 있다. 좋아하는 것은 만화, 고양이, 노래, 도서관, 뜨개질, 트레킹, 떡볶이. 직접 쓰고 그린 책으로는 환경 만화 《멋진 지구인이 될 거야 1, 2》가 있다.

안선영

식물 생태와 에코 과학(융합 과학)을 전공하고 생명다양성재단 사무차장/책임연구원과 이화여대 에코과학부 연구원으로 일하고 있다. 열 살 아들과 열 여섯 살 시츄, 국립공원에서 일하는 남편과 백봉산 아래 자연과 친구 삼아 살고 있다. 과학을 대중들에게 쉽게 전달하기 위해 생활식물생태학, 바닥식물원 등 강연과 전시 활동을 지속하고 있다.

꽃을 흉내 내는 사마귀,
똥을 흉내 내는 벌레 등
재미있는 '의태'의 세계로!

강한 자만 살아남는다고?
느리고 약한 나무늘보도
자신만의 방법으로 살아남지!

남방큰돌고래, 귀신고래,
돌묵상어, 슴새, 해마,
먹장어 등 신비로운
바다 친구들이 기다려!

인간보다 훨씬 먼저
농사를 짓기 시작한 천재
개미들의 세계로 직접
들어가 보자!

3달 동안 먹지도 눕지도 않는 눈물 겨운 황제펭귄의 육아 현장으로!

어마어마하게 크고, 어마어마하게 다정하고, 어마어마하게 기억력이 좋은 코끼리들이 살고 있는 칼라하리 사막으로!

인간과 유전자의 99퍼센트가 같은 침팬지! 제인구달 선생님의 강력 추천 도서도 함께!

❻ 침팬지 쥬바의 탈출

초판 1쇄 발행 2024년 7월 8일
초판 3쇄 발행 2025년 11월 18일

기획 최재천 **글** 황혜영 **그림** 박현미 **해설** 안선영
펴낸이 김선식

부사장 김은영
어린이사업부총괄이사 이유남
책임편집 이현정 **디자인** 남정임 **책임마케터** 안호성
어린이콘텐츠사업5팀장 이현정 **어린이콘텐츠사업5팀** 조문경 마정훈 조현진 강민영
어린이마케팅본부장 최민용 **어린이마케팅1팀** 안호성 이예주 김희연 **기획마케팅팀** 류승은 박상준
저작권팀 성민경 이슬 윤제희 **편집관리팀** 조세현 김호주 백설희
재무관리팀 하미선 임혜정 이슬기 김주영 오지수
인사총무팀 강미숙 이정환 김혜진 황종원
제작관리팀 이소현 김소영 김진경 유미애 이지우 황인우
물류관리팀 김형기 김선진 주정훈 양문현 채원석 박재연 이준희 문명식

펴낸곳 다산북스 **출판등록** 2005년 12월 23일 제313-2005-00277호
주소 경기도 파주시 회동길 490 **전화** 02-704-1724 **팩스** 02-703-2219
다산어린이 공식 카페 cafe.naver.com/dasankids **다산어린이 공식 블로그** blog.naver.com/stdasan
종이 스마일몬스터 **인쇄** 북토리 **후가공** 평창피엔지 **제본** 대원바인더리
사진 www.shutterstock.com

ⓒ최재천·황혜영·박현미·안선영, 2024
ISBN 979-11-306-5467-6 74370 979-11-306-9425-2 (세트)

- 책값은 뒤표지에 있습니다.
- 파본은 본사 또는 구입한 서점에서 교환해 드립니다.
- KC마크는 이 제품이 공통안전기준에 적합하였음을 의미합니다.
- 아이들이 책을 입에 대거나 모서리에 다치지 않게 주의하세요.

책을 더 재미있게, 책을 더 오래 기억하는 방법
다산어린이 공식 카페에는 다양한 독서 활동 자료가 있습니다.
자료를 활용하여 아이들의 독서 흥미를 더욱 키워 주세요.